온실가스 248kg을 없애려면
참나무 17그루가 필요해

지구를 위한 아름다운 시작, 나무 다이어트
온실가스 248kg을 없애려면 참나무 17그루가 필요해

초판 1쇄 발행 2025년 3월 30일

지은이 정종영
그린이 이경석

펴낸이 윤상열
기획편집 서영옥 최은영 **디자인** 김규림 **마케팅** 윤선미 **경영관리** 김미홍
펴낸곳 도서출판 그린북 **주소** 서울 마포구 방울내로11길 23 두영빌딩 3층
전화 02-323-8030~1 **팩스** 02-323-8797
이메일 gbook01@naver.com **블로그** blog.naver.com/gbook01

ⓒ 정종영 이경석 2025
이 책의 출판권은 도서출판 그린북에 있습니다.
저작권법에 의해 한국 내에서 보호받는 저작물이므로 무단 전재와 무단 복제를 금합니다.

ISBN 978-89-5588-899-7 73810

* 도서출판 그린북은 미래의 나와 즐거운 세상을 만들어 가는 콘텐츠를 만듭니다.
* 도서출판 그린북은 독자 여러분의 소중한 의견과 원고를 기다립니다.
* 잘못 만들어진 책은 구입하신 곳에서 바꾸어 드립니다.

KC마크는 이 제품이 공통안전기준에 적합하였음을 의미합니다.
제조국: 대한민국 사용 연령: 8세 이상
책장에 손이 베이지 않게, 모서리에 다치지 않게 주의하세요.

차례

① **나무가 다이어트를 한다고?** • 7
나무 다이어트를 제대로 실천하면, 살도 빼고 지구도 지킬 수 있다.

② **숨만 쉬어도 나오는 온실가스** • 25
숨만 쉬어도 하루에 배출하는 온실가스는 680g

③ **세상에 공짜는 없다** • 39
지방을 태우려면 운동을 해야 한다.

④ **과자를 먹으면 숲이 사라져!** • 55
팜유, 설탕, 초콜릿을 먹은 만큼 숲이 사라진다.

⑤ **소 똥구멍을 막아라!** • 71
일주일에 고기를 한 번 덜 먹으면, 온실가스 배출 감소는 물론 슈퍼 엘니뇨까지 막을 수 있다.

⑥ **치킨과의 전쟁을 선포하노라!** ✦ 87
우리 농산물이 수입 농산물보다 신선하고, 온실가스 배출이 적다!

⑦ **초콜릿의 눈물** ✦ 103
지구를 살리는 일에는 남녀노소 모두 같이해야 한다.

⑧ **나는 채식주의자** ✦ 117
나무 다이어트로 조금씩 조금씩 채식 습관을 만든다.

작가의 말 ✦ 125

"나, 살 탄다. 지방이 탄다."를 외치면,
지구도 살리고, 우리 몸도 더 건강해진다고?

치킨을 한 번 덜 먹고, 초콜릿 하나를 안 먹으면,
열대 숲 나무 한 그루를 살리고, 내 살도 쑥쑥 빠진다고?

나무를 살리고, 탄소 배출을 줄이는 다이어트.
이렇게 어려운 일을 과연 우리가 해낼 수 있을까?

① 나무가 다이어트를 한다고?

"띵동띵동."

가온이는 책을 내려놓고 스마트폰을 들었다. 4학년 2반 단체 대화방에 문자가 와 있었다. 잽싸게 문자를 눌렀다. 녹색쉼터 홈페이지로 넘어갔다.

"2주 동안 1kg을 뺄 수 있다고?"

다이어트 모집 광고 같았다. 대충 보다가 화면을 닫았다. 2주에 고작 1kg이라니. 다이어트치고는 조금 시시했다. 다시 책을 들었다.

"가온아, 소파에 눕지 말고, 방에 들어가 바른 자세로 책 읽어!"

엄마 목소리가 귀를 톡톡 찔렀다. 가온이는 나무늘보처럼 바닥을 천천히 기다가 침팬지처럼 두 발로 일어났다. 천천히 방으로 움직였다. 엄마의 매서운 눈길이 화살처럼 날아와 가온이의 뒤통수에 꽂혔다.

가온이는 방문을 열다가 조금 전에 봤던 다이어트 광고가 생각났다. 남은 여름 방학 동안 집에 있는 것보다 어디라도 나가면 엄마 눈치를 피할 수 있을 것 같았다. 가온이는 의자에 앉아 단체 대화방을 다시 열었다.

"어!"

조금 전에 봤던 광고가 사라졌다. 선생님이 광고를 보고 지운 게 분명했다.

"나는 봤지롱. 녹색쉼터 홈페이지에 들어가면 되지롱. 히히."

가온이는 흐뭇하게 웃으며 녹색쉼터 홈페이지에 들어가 광고를 찾았다.

"나무 다이어트, 나무를 뽑아 먹는 건가?"

1kg을 뺄 수 있다는 문장에서 가온이는 엄마 눈치도 피하고, 살도 뺄 수 있다는 생각이 들었다.

"녹색쉼터가 어디에 있지?"

'찾아오는 길'을 보니, 집에서 별로 멀지 않은 곳이었다. 민지네 집과도 가까웠다.

"민지랑 같이 해 볼까?"

가온이는 나무 다이어트 광고를 민지에게 보냈다.

따가운 햇살이 아래로 쏟아졌다. 무성한 나뭇잎 사이로 매미가 세차게 울었다. 민지와 지우가 땀을 뻘뻘 흘리며 가온이네 아파트로 들어왔다.

"저기 앉자."

민지가 현관 앞 벤치를 가리켰다. 그곳은 그늘진 곳이라 시원했다. 건물 사이로 바람이 불었다. 이마에 흐르던 땀이 날아갔다. 자동문이 열리고, 가온이가 나왔다.

"지우도 왔네."

"응, 우리 둘이 논술 학원에 같이 다니잖아."

셋은 앉자마자 나무 다이어트에 관해 이야기했다.

"다이어트 프로그램이 2주라서 마음에 들어. 2주 끝나면, 바로 개학이잖아."

"신비한 약초를 사용해 다이어트를 하는 것은 아닐까? 녹색쉼터가 앞산 바로 밑에 있잖아."

"지우, 너도 하게?"

가온이가 지우를 쳐다보며 고개를 갸우뚱거렸다. 지우는 다이어트에 관심이 없을 줄 알았다.

"개학하면, 신체검사가 있잖아. 1학기 때, 과체중이 나왔어. 열심히 하면 상도 준다며?"

지우는 나무 다이어트 광고에 적힌 시상품을 뚫어지게 보았다. 1등 상품이 자전거였다. 다이어트 기간도 짧고, 초등학생만 참여할 수 있는 프로그램이라 자신이 있었다.

"혹시, 산을 오르락내리락하면서 살을 빼는 건 아닐까? 등산은 힘든데."

민지가 입을 씰룩거리며 둘을 쳐다보았다.

"잠시만."

지우가 스마트폰을 꺼내 '녹색쉼터'와 '나무 다이어트'에 대해 찾아보았다. 기사와 참여 후기가 꽤 많았다. 민지도 스마트폰을 같이 들었다.

"이것 좀 봐. 여기 꽤 유명한 곳인가 봐."

민지가 가온이에게 스마트폰을 보여 주었다.

"여기 진짜 살 빼는 거 맞나? 근데 왜 자꾸 탄소 중립이라는 단어가 나올까?"

가온이가 혼잣말로 중얼거렸다.

게시글 곳곳에 '탄소 중립'이라는 단어가 있었다.

"일단 한번 해 보자. 이상한 곳은 아닌 것 같아."

"그러지 말고 잠깐만 기다려. 내가 엄마한테 알아봐 달라고 이야기할게. 그게 제일 확실하잖아."

민지의 말에 가온이와 지우가 고개를 끄덕였다. 지우가 셋만의 단체 대화방을 만들었다. 중요한 소식이 있으면, 대화방에 먼저 올리기로 약속하고 셋은 헤어졌다.

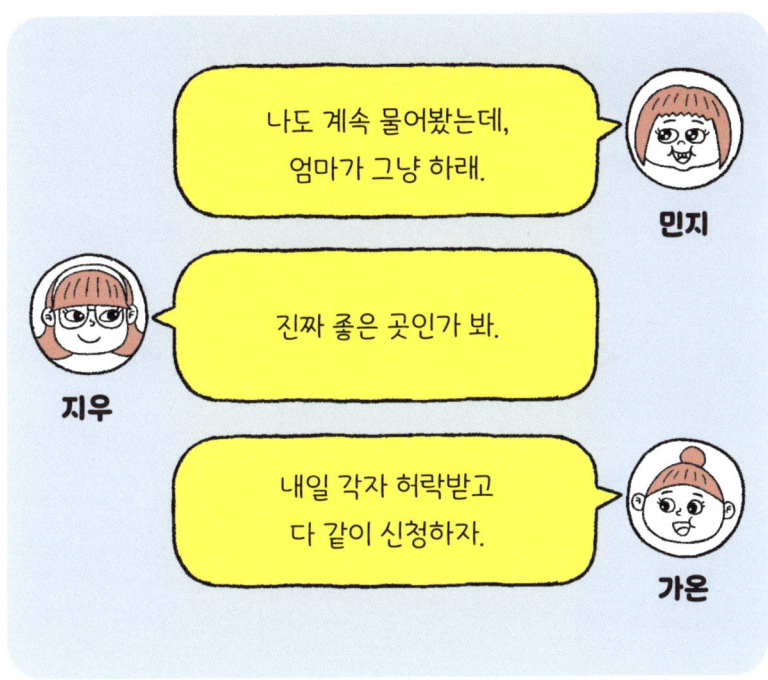

 토요일 아침, 셋은 민지네 아파트 앞에서 모였다. 아침부터 날씨가 뜨거웠다.
 구름 한 점 없는 하늘에 눈부신 태양이 강렬한 열기를 뿜으며 하늘 꼭대기를 향해 올라갔다.
 "준비물 다 챙겼지?"
 "당연하지, 여기 교통 카드 있어."
 지우가 호주머니에 넣어 둔 교통 카드를 꺼내 흔들었다.

"지름길로 가자."

민지는 가끔 엄마를 따라 산에 갔기 때문에 녹색쉼터 가는 길을 잘 알고 있었다. 걸어서 10분 거리였다.

셋은 강 옆으로 난 길을 따라 천천히 걸었다. 두루미 한 마리가 날아와 강물에 발을 담갔다. 두루미는 물 위를 성큼성큼 걸으며 물고기를 잡았다. 산으로 갈수록 바람이 시원했다. 다리 아래를 지나자, 길이 두 갈래로 나뉘었다. 오른쪽은 산으로, 왼쪽은 녹색쉼터로 가는 길이었다. 왼쪽 길로 조금 더 걷자, 산 아래 쪽 들어간 곳에 녹색쉼터 간판이 있었다. 녹색쉼터가 있는 곳은 산등성이가 넓은 공터를 안은 모양이 마치 암탉이 날개를 펴 알을 품으려는 모습 같았다.

"다 왔네."

민지가 앞을 가리켰다. 큰 나무 아래에 녹색 컨테이너 5개가 기차처럼 나란히 붙어 있었다. 공터 한구석에 유리로 지은 온실과 어린나무를 심어 놓은 넓은 밭이 있었다.

"어서 오너라!"

50대 초반으로 보이는 아저씨가 건물 앞에 서서 경쾌한 목소리로 인사했다. 셋은 공손히 인사하고 '강의실' 간판이 붙은 컨테이너 안으로 들어갔다. 미리 온 아이들이 몇 명 있었다.

지우가 민지 옆구리를 살짝 치며 앞을 좀 보라는 듯이 고개를 앞으로 까딱거렸다. 창문은 모두 열려 있었고, 벽걸이 선풍기 3개가 앵앵거리며 돌고 있었다. 사방을 둘러봐도 에어컨은 없었다.

"여기가 21세기 대한민국 맞아?"

가온이가 민지에게 속삭였다.

강의실 내부는 밖에서 보았던 것보다 넓어 보였다. 컨테이너 2개를 붙여 만든 강의실이었다. 창문 너머에서 제법 바람이 솔솔 들어왔다.

"여기 녹색쉼터 맞네."

가온이가 창밖을 가리켰다. 네모난 창문이 숲을 그린 액자 같았다. 파란 하늘 아래 나뭇가지 사이로 새가 날아다녔다.

"안녕하세요."

젊은 청년이 들어왔다. 자신을 녹색쉼터에서 자원봉사 하는 공셰프라고 소개했다. 곧이어 아까 건물 앞에서 본 아저씨가 들어왔다. 녹색쉼터를 가꾸고 운영하는 나무박사였다.

"모두 나무 다이어트가 뭔지 궁금하셨죠?"

"네!"

모두 한목소리로 크게 대답했다. 참가자는 모두 열 명이었다.

나무박사가 2주간의 프로그램에 대해 간단히 설명하고, 나무 다이어트의 뜻도 알려 주었다.

"나무 다이어트는 나무를 살리고 탄소 배출을 줄이는 다이어트입니다. 여기서 앞 글자만 따서 우리는 '나, 살 탄다. 지방이 탄다'라고 외칩니다."

"뭐? '나, 살 탄다. 지방이 탄다'고? 그래서 나무 다이어트야? 히히!"

아이들 몇 명이 킥킥 웃으며 따라 말했다.

"몸속에서 지방이 타면, 살이 빠집니다. 얼마나 좋은 방법입니까? 지구도 지키고, 내 건강도 지키고."

"혹시, 디지털 탄소 다이어트를 알려 주는 거 아닌가?"

"그건 1학기 때 배웠는데."

앞에 앉은 남자아이 두 명이 속삭이듯 이야기했다. 나무박사가 빙그레 웃으며 남자아이들에게 다가갔다.

"학교에서 탄소 중립을 배웠나요?"

"네."

"탄소 중립이 뭐죠?"

"음, 재활용품 분리배출 잘하는 거예요."

"에너지 절약도 있어요. 가까운 거리는 걸어 다니거나, 대중 교통을 이용하는 거예요."

두 아이가 번갈아 가며 자신 있게 대답했다.

"지금 말한 것은 탄소 중립을 달성하기 위한 실천 방법이에요. 기후행동이라고 말하죠. 혹시, 탄소 중립이 뭔지 정확히 설명할 수 있는 사람 있나요?"

나무박사가 아이들을 둘러보며 물었다. 모두 우물쭈물하며 서로 눈만 맞췄다. 나무박사가 칠판에 적으면서 탄소 중립을 설명했다.

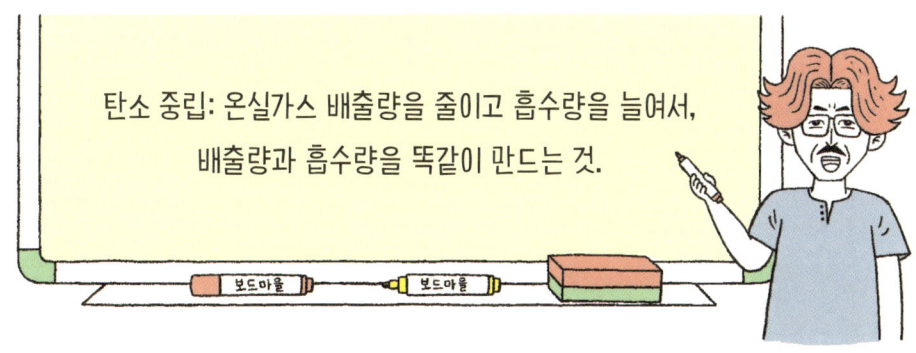

탄소 중립: 온실가스 배출량을 줄이고 흡수량을 늘여서, 배출량과 흡수량을 똑같이 만드는 것.

"여러분은 탄소 중립을 달성하기 위해 지금까지 기후행동을 잘했을까요? 점수를 준다면 과연 몇 점이나 받을 수 있을까요?"

나무박사의 질문에 참가자들은 한 명씩 돌아가면서 자신의 기후행동 점수와 이유를 이야기했다. 80점 이하는 단 한 명도

없었다. 모두 재활용품 분리수거와 에너지 절약을 잘했다고 이유를 덧붙였다.

"냉정하게 평가한다면, 여러분이 말한 이유는 50점 정도밖에 되지 않습니다."

나무박사의 말에 아이들 모두 실망한 듯 얼굴을 찌푸렸다.

"어떻게 하면 100점을 받을 수 있는데요?"

지우가 손을 번쩍 들고 물었다.

"다시 질문하겠습니다. 여기 해당하는 사람은 손을 들어 보세요. 내가 말하는 음식 하나당 10점이라 생각하면서 점수를 계산해 보세요."

나무박사의 질문은 생각보다 단순했다.

"1주일에 한 번 이상 치킨을 먹는 사람은 손을 들어 보세요!"

지우가 눈치를 슬쩍 보다가 슬며시 손을 올렸다. 곧이어 민지가 손을 들었다. 손을 든 사람은 모두 다섯 명이었다.

"1주일에 과자와 초콜릿을 한 번 이상 먹는 사람은요?"

이번에는 모두 손을 들었다. 아이들이 이상한 듯 서로를 쳐다보면서 입을 삐죽 내밀었다.

"질문을 2개만 했을 뿐인데, 모두 손을 들었습니다. 이제 손을 내리세요. 지금 방금 말한 과자, 초콜릿, 치킨 같은 음식을 먹으면 이산화 탄소를 흡수하는 나무가 사라집니다. 이런 행동으로 나무가 사라졌는데, 좋은 점수를 받을 수 있을까요?"

"아이스크림은 괜찮아요?"

"참, 아이스크림이 빠졌네요. 아이스크림도 숲이 사라지는 데 영향을 미칩니다."

나무박사의 말에 아이들의 얼굴이 어두워졌다.

"아이스크림도 먹으면 안 돼요?"

"초콜릿 없는 세상은 상상하기도 싫은데, 초콜릿이 숲을 망치다니."

나무박사가 아이들의 이야기를 듣고 고개를 끄덕이며 미소를 지었다.

"너무 걱정하지 마십시오. 우리에게는 나무 다이어트가 있습니다. 나무 다이어트만 제대로 하면, 살도 빼고 지구도 지킬 수 있습니다. 초콜릿 하나를 덜 먹으면, 아프리카 열대 숲에 있는 나무 한 그루를 살릴 수 있습니다. 치킨 한 번 덜 먹으면 아마존 열대 우림을 지킬 수 있습니다."

"우리가 아마존 열대 우림을 지킬 수 있다고요?"

"네. 맞습니다. 지금 우리는 대한민국에 있지만, 우리의 노력으로 지구 반대편에 있는 아마존 열대 우림을 지키고 보호할 수 있습니다. 우리 모두 잘할 수 있죠!"

나무박사가 아이들을 보며 힘차게 응원하듯 얘기했다.

하지만 아이들은 자신이 없다는 듯 눈빛이 흐릿했다. 목소리에도 힘이 없었다.

"자, 우리 모두 다 같이 외쳐 봐요. 나, 살 탄다! 지방이 탄다!"

"나, 살 탄다. 지방이 탄다."

나무박사의 설명이 끝나자, 공셰프가 앞으로 나와 어떻게 하면 상을 받을 수 있는지를 알려 주었다. 점수를 받을 수 있는 항목은 출석, 미션 달성, 체중 감량 1kg 달성이었다. 참가자 아이들 모두 자신이 있다는 듯 밝은 표정을 지었다.

나무를 심으면 온실가스 배출을 줄일 수 있을까?

숨만 쉬어도 나 혼자 하루에 배출하는 온실가스는 680g!
하루 680g이면, 1년에 약 248kg.

내가 배출한 온실가스를 없애려면
참나무 17그루는 심어야 하는데……. 어떡하지?

②
숨만 쉬어도 나오는 온실가스

"1교시 수업은 밖에서 하겠습니다. 가방은 자기 자리에 두고, 교통 카드만 챙겨 공셰프한테 주고 나오세요."

나무박사가 이야기하면서 밖으로 나갔다. 모두 나무박사를 따라 오래된 떡갈나무 아래에 모였다. 나무박사가 나무에 대해 설명했다. 높이 20미터, 둘레가 3미터 정도인 200년 된 떡갈나무였다. 아이들은 신기한지 눈을 휘둥그레 뜨고 나무를 살폈다. 큰 덩치만큼 나무 그림자도 넓었다.

나무박사가 웃으며 평상 위에 올려 둔 접시에서 도토리 하나를 집어 올렸다.

"그건 도토리잖아요. 혹시, 떡갈나무 씨앗이 도토리예요?"

"네, 맞습니다."

나무박사가 평상 맨 끝에 있는 도토리 하나를 다시 집어 들었다.

"이것은 무슨 나무의 열매일까요?"

"그것도 도토리인데, 다른 나무인가요?"

앞에 있던 여자아이가 작은 목소리로 물었다.

"이것은 졸참나무 씨앗이에요. 자, 여기 접시에 담긴 도토리를 보세요. 조금씩 다르죠? 여기 있는 6개 모두가 참나무입니다."

나무박사가 참나무속의 여섯 종류 나무를 설명했다.

도토리가 열리는 여섯 종류의 나무를 참나무라고 부른다. 참나무 종류에는 떡갈나무, 갈참나무, 졸참나무, 상수리나무, 굴참나무, 신갈나무가 있다.

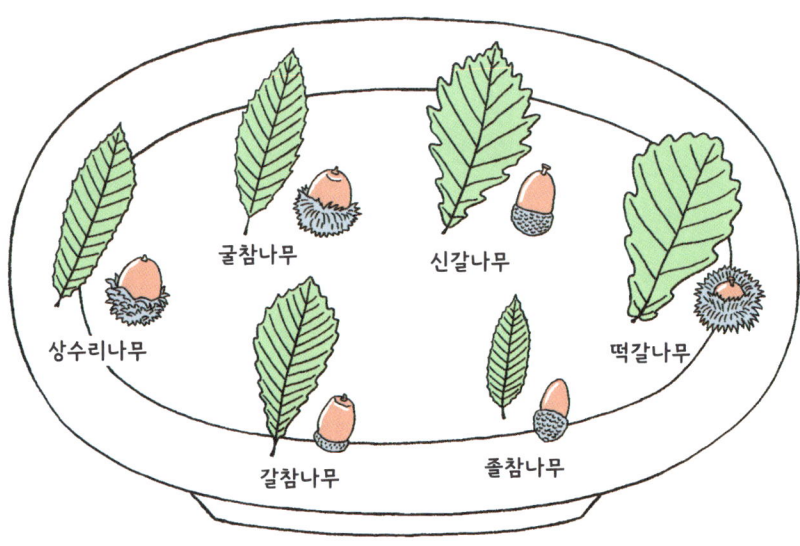

모두 접시 속 도토리를 살펴보았다. 모두 비슷해 보이지만, 조금씩 달랐다.

"도토리를 심기 전에 우리가 참나무를 왜 심어야 하는지 알아야 합니다."

나무박사가 녹색쉼터에서 도토리를 왜 심는지 말해 주었다. 자신이 배출한 온실가스는 자기가 책임지고 없애자는 뜻이 담겨 있었다. 다시 말해 '내가 싼 똥, 내가 치운다'는 의미였다. 나무박사의 말에 모두 소리 내어 웃었다.

"똥부터 싸야 하나요?"

뒤에 서 있던 키 큰 남자아이가 장난치듯 이야기하며 엉덩이를 뒤로 쑥 내밀었다.

"전 아침에 다 누고 왔는데, 어떡하죠?"

옆에 있는 아이가 맞장구치며 이야기했다.

나무박사가 말한 똥은 사람이 호흡할 때 배출하는 온실가스를 비유한 단어였다. 숨만 쉬어도 하루에 배출하는 온실가스가 680g이었다.

"온실가스 680g이 많은 건가요?"

"하루 680g이면, 1년에 약 248kg입니다. 참나무 한 그루가 1년에 약 15kg 정도 이산화 탄소를 흡수합니다. 248kg을 없애

도토리를 왜 심어야 할까?

1년 동안 내가 배출한 온실가스 248kg을 흡수하려면 참나무 17그루가 있어야 함.

려면, 20년생 참나무 17그루가 있어야 합니다."

모두 자신이 배출하는 온실가스의 양을 알고는 깜짝 놀랐다. 생각보다 너무 많았다.

"박사님, 그러면 도토리를 많이 심어야 하잖아요. 하나만 심어서는 안 될 것 같아요."

"맞아요. 그러나 오늘은 도토리 하나만 심어도 충분합니다. 도토리 심는 것 외에도 온실가스 없애는 좋은 방법이 많습니다. 천천히 하나씩 알려 드리겠습니다."

나무박사가 말을 끝내며 밝은 표정으로 아이들을 쳐다보았다.

"박사님, 산에 가 보면 나무가 많잖아요. 그런데도 나무를 꼭 심어야 해요?"

"맞습니다. 우리 산에는 나무가 많습니다. 하지만 나이 많은 나무가 너무 많습니다."

"나무가 오래되고 굵을수록 더 좋은 거 아닌가요? 이 나무처럼요."

가온이가 떡갈나무를 가리키며 물었다.

"그렇지 않습니다. 나무는 광합성을 하면서 온실가스를 흡수하지만, 시간이 지날수록 흡수량이 떨어집니다."

나무박사가 가온이를 보며 대한민국의 산림 흡수량이 어떻게 변하는지 설명했다. 2050년에는 2020년보다 나무가 흡수하는 온실가스 흡수량이 30% 이상 줄어들 거라고 했다.

"나무를 베지 않는데, 흡수량이 줄어든다고요?"

"나이가 들면 체력이 떨어지는 것처럼, 나무도 똑같습니다. 시간이 지나면 나무의 이산화 탄소 흡수 능력이 떨어집니다."

산림의 이산화 탄소 흡수 전망

"박사님, 참나무 말고 다른 나무 심으면 안 돼요? 전 소나무가 좋은데……."

"요즘 지구 온난화 때문에 전 세계가 피해를 봅니다. 지구 온난화를 막으려면, 탄소 배출을 줄여야 합니다. 나무를 심는 것도 탄소 배출을 줄이는 방법입니다. 나무 하나를 심더라도, 온실가스 흡수를 잘하는 나무를 심는 게 좋습니다. 침엽수보다 활엽수가 온실가스 흡수를 더 잘합니다."

나무박사의 말에 아이들 모두 고개를 끄덕였다.

지구 온난화 때문에 우리나라 기후도 달라졌다. 예전보다 여름이 더 길어지고 겨울이 짧아졌다. 기온이 올라갈수록 침엽수의 온실가스 흡수량은 뚝뚝 떨어졌다. 그래서 침엽수보다 활엽수를 심는 게 지구 온난화를 더 효율적으로 막는 방법이다.

"지금부터 떡갈나무 한 그루를 심어 봅시다."

아이들이 줄을 서서 화분과 도토리를 받았다. 각자 자리에서 도토리를 심고 물을 주었다. 화분마다 이름표를 달았다.

도토리를 심은 후, 모두 강의실로 돌아왔다. 벌써 한 시간이 지나갔다.

이번에는 공셰프가 들어왔다.

"방금 우리는 지구를 지키기 위해 나무 한 그루를 심었습니다. 그런데 나무를 심는 것보다 더 중요한 것이 있습니다."

"과자, 치킨 안 먹기. 맞죠?"

앞에 앉은 남자아이가 얼른 대답했다.

"맞습니다. 나무 다이어트는 건강도 챙기고, 지구를 살리는 방법입니다. 여러분, 살 빼는 거 무척 어렵죠? 원인만 알면, 누구나 살을 뺄 수 있습니다. 먼저 살이 찌는 원인부터 알아볼게요."

공셰프가 말을 끝내며 학교 급식표를 보여 주었다.

어린이는 한 끼에 600~700칼로리 정도를 먹는 게 적당했다. 하루로 계산하면 1,800~2,000칼로리 정도였다. 매일 이렇게 먹으면 살이 찌지 않는다. 하지만 문제는 간식이었다.

"여러분, 과자, 아이스크림 좋아하죠? 과자 한 봉지 열량이 얼마나 되는지 아세요?"

공셰프 질문에 아이들이 머뭇거렸다. 열량을 살펴보고 과자를 산 적이 없었다. 공셰프가 벽면 수납장을 열어 과자와 음료수를 꺼냈다. 요즘 아이들이 가장 좋아하는 초코초코와 밀크초코였다.

"초코초코다!"

"맛있겠다. 밀크초코."

공셰프가 과자와 음료수를 들고 아이들에게 다가갔다. 그러고는 봉지 뒷면에 있는 영양 정보를 보여 주었다. 초코초코는 605칼로리, 밀크초코는 165칼로리였다.

"이 두 개를 같이 먹으면, 열량이 무려 770칼로리입니다."

평소에 즐겨 먹는 과자와 음료수가 밥 한 끼보다 열량이 높았다니, 아이들 모두 두 눈으로 직접 보고도 믿을 수 없다는 듯 혀를 내두르며 고개를 저었다.

공셰프가 몸을 돌려 탁자 쪽으로 걸어가더니 탁자 위에 올려놓은 교통 카드를 쥐었다.

"5,000원씩 충전한 교통 카드를 나누어 줄게요. 이 카드로 다음 시간까지 자기가 좋아하는 과자 하나와 열량이 제일 높은 과자 하나를 사 오세요."

"다 먹고, 봉지만 가져와도 돼요?"

"안 됩니다. 이것이 여러분에게 주어진 첫 번째 미션입니다. 열량 제일 높은 과자를 가져온 사람이 1등입니다. 각자의 몸무게를 꼭 알려 주세요. 집에 체중계 없는 사람은 사무실에 가서 몸무게를 재고 가세요. 그래야 자기 체중이 얼마 줄었는지 알 수 있잖아요. 모두 잘할 수 있죠?"

"네!"

아이들은 신이 나는지 한목소리로 대답했다.

수업이 끝나자, 아이들은 어깨를 흔들며 강의실에서 나왔다. 몸무게를 재기 위해 사무실로 가는 아이도 있었다.

하늘 꼭대기에 있는 태양이 화가 난 듯 더운 열기를 마구 뿜어냈다. 한여름 날씨가 제법 성질을 부렸다. 몇 발 걷지도 않았는데, 땀이 절로 흘러내렸다.

"다른 길로 가자! 가는 길에 편의점도 들르고. 땡볕 아래는 너무 더워."

양 갈래 길에서 민지가 왼쪽을 가리켰다. 왼쪽 길에는 건물이 많아 그늘로 갈 수 있었다.

"신기하다. 녹색쉼터는 별로 안 더웠잖아."

"거긴 산 아래라서 그런가 봐. 여기에는 바람도 안 불어."

셋은 그늘을 따라 천천히 걸었다. 날씨가 더운지, 거리에는 사람도 많지 않았다. 조금만 더 가면 편의점이 있었다. 셋은 땀을 닦으며 쉬지 않고 편의점까지 걸었다.

"휴! 여긴 북극이네. 히히."

편의점 안은 시원했다. 지우가 씩 웃으며 진열장 앞으로 머리를 슬쩍 내밀었다. 편의점 안에서 간편식품 있는 곳이 제일 시원했다. 물건을 상하지 않게 보관하려고, 에어컨보다 더 찬 바람을 앞에서 내뿜었기 때문이다. 땀이 식자, 가온이가 민지를 보며 한쪽 눈을 깜빡였다. 민지가 가재처럼 옆으로 움직이며 과자 진열장까지 갔다.

"뭘 사지?"

지우가 입을 씰룩거리며 과자를 노려보았다. 좋아하는 과자가 너무 많았다. 여기서 하나만 딱 고르라니, 수학 문제를 푸는 것보다 더 어려웠다. 민지가 지우를 보고 씩 웃으며 옆구리를

꾹 찔렀다.

"야, 네가 먹을 과자는 제일 싼 걸로 골라. 그래야 열량 높은 과자를 선택할 때 편하잖아. 지금은 미션 수행이라고."

"아, 맞네."

셋은 독수리처럼 눈을 매섭게 뜨고 같은 자리를 맴돌았다. 시간을 꽤 보내고서야 겨우 과자 두 개씩을 골랐다.

"가자!"

가온이가 계산대를 가리키자, 민지가 가온이를 붙잡았다. 민지가 과자의 영양 정보면을 꼼꼼하게 살폈다.

"가온아, 넌 다른 거 가져와. 이건 수업 시간에 본 과자보다 열량이 낮아."

"맞네."

가온이가 진열장으로 뛰어가 과자를 다시 골라 왔다. 다시 가져온 과자는 열량이 꽤 높았다. 무려 680칼로리였다. 세 과자 중에서 1등이었다. 조금 전까지는 지우 과자가 1등이었다.

"가자! 배고파."

말 떨어지기 무섭게 민지가 과자를 모두 챙겼다. 우물쭈물하는 사이, 민지가 계산대로 갔다. 지우는 자기 과자가 2등인 게 아쉬웠지만 어쩔 수 없었다.

"우리가 살이 안 빠지는 이유를 이제 알겠어."

편의점을 나오면서 민지가 말했다.

"맞아. 하루 네 끼를 먹으니, 살이 안 빠지지."

"난, 다섯 낀데? 히히!"

골목을 돌자, 건널목이 나왔다. 셋은 신호등 불이 바뀔 때까지 기다렸다. 여기부터는 서로 헤어져야 했다.

"보고도 먹지 못하니, 이것도 고통이네. 나무 다이어트는 이런 점을 노린 게 분명해. 열량 정보를 알면, 입에 넣기가 무섭잖아."

민지가 혼잣말하듯 푸념을 늘어놓았다.

"야, 저것 좀 봐. 빨간불은 멈추라는 뜻이잖아. 가방에 든 과자는 미션이니까 당연히 먹으면 안 돼. 수요일까지 집에서 과자 먹지 말자. 수요일까지 모두 빨간불 켜고 살면 어떨까?"

"좋아."

"어! 초록불이다. 어쩌지?"

지우가 씩 웃으며 건널목을 먼저 건넜다.

"수요일까지 모두 파이팅! 알았지?"

가온이가 둘을 보며 큰 소리로 외쳤다.

오늘은 5,000보만 걸어 봐요!
그리고 지구도 한번 생각해 주세요.

내 몸이 튼튼해질수록 지구도 건강해집니다.

③
세상에 공짜는 없다

"다녀왔습니다."

가온이가 현관에 들어서며 큰 소리로 인사했다. 평소보다 목소리가 밝고 경쾌했다.

"오늘 어땠어?"

엄마가 행주에 손을 닦으며 거실로 나왔다.

"정말 재미있었어요."

"진짜?"

엄마가 방으로 따라 들어왔다. 가온이는 가방 속에서 과자를 꺼내, 책장에 올려 두었다.

"이 과자 절대로 건들지 마세요. 수요일에 가져가야 해요."

엄마는 신기한 듯 가온이를 빤히 쳐다보았다. 과자를 먹지 않겠다고 말하는 게 신기했다.

"오늘 뭐 했니?"

엄마가 호기심 가득한 표정으로 물었다. 엄마도 다이어트에 관심이 많았다. 가온이는 씩 웃으며 잠시 생각했다. 다이어트 이야기를 꺼내려다 혹시나 하며 탄소 중립이 뭐냐고 엄마에게 물었다. 엄마 역시 탄소 중립이 아닌 기후행동을 이야기했다. 가온이는 조금 놀랐다. 어른이라면 이 정도는 이미 알 거라고 생각했기 때문이다. 가온이는 신이 난 듯 생글생글 웃으며 탄소 중립에 대해 설명했다.

"탄소 중립이 그런 거였구나. 그런데 너 다이어트 프로그램에 참가한 거 아니었니?"

"아, 맞아요. 나무 다이어트요. 나무를 살리고, 탄소 배출을 줄이는 다이어트예요."

가온이는 단어 첫 글자에 힘을 주며 말했다.

"아, 그래서 탄소 중립을 말했구나. 그게 다야?"

"또, 있죠. '나, 살 탄다. 지방이 탄다.' 이것만 외치면 돼요."

"뭐?"

엄마가 눈을 게슴츠레 뜨며 가온이를 바라보았다. 가온이는 점심을 먹고 방으로 들어왔다. 단체 대화방에 문자가 와 있었다.

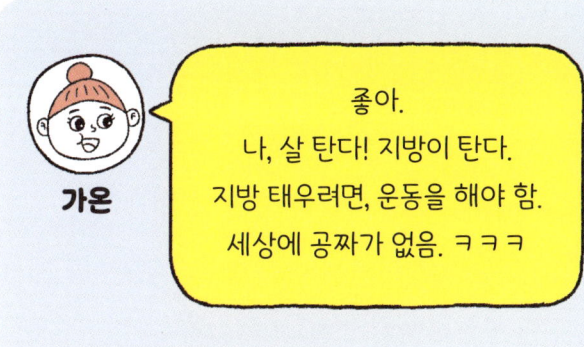

가온이는 평소보다 저녁을 적게 먹고 집에서 나왔다. 아직 하늘이 어둡지 않았다. 아파트를 빠져나와 길을 건넜다. 공원 앞 골목에서 민지와 민지 엄마를 만났다.

"안녕하세요."

"가온이 오랜만이네. 공원 입구까지 같이 뛰어갈까?"

"벌써요?"

가온이는 민지 엄마를 보면서 살짝 입을 삐쭉였다. 천천히 걸어도 땀이 났다. 공원 입구에 지우가 서 있었다. 지우가 민지 엄마에게 공손히 인사했다.

"우리 지우, 오랜만에 보는데, 더 멋있어진 것 같네."

"그렇죠? 저 벌써 400g 빠졌어요."

"정말?"

"저녁 먹고 똥 누고 왔거든요."

"그게 뺀 거냐? 먹고 나면 또 찔 건데. 열심히 운동하자!"

민지가 잔소리하듯 지우에게 이야기했다.

민지 엄마가 앞장섰다. 셋은 나란히 줄을 맞춰 걸었다. 지우가 오른팔을 들고 흔들며 스마트워치를 보여 주었다. 오늘 몇 보 걸었는지 확인하려고 아빠한테 빌렸다고 했다.

"오늘 만 보 어때?"

민지 엄마가 앞에서 뒤를 돌아보며 물었다.

"5,000보만 걸어요. 처음부터 너무 무리하면 안 돼요."

길을 따라 강이 흘렀다. 제법 시원한 바람이 불었다. 이마에 송골송골 맺힌 땀방울이 강바람에 날아갔다.

"엄마, 나무 다이어트가 정확히 뭐예요?"

민지가 엄마 옆으로 다가가 큰 소리로 물었다.

"오늘 배우지 않았니?"

민지 엄마는 씩 웃으며 짧게 대답했다. 가온이가 옆으로 다가가 또 물었다. 이번에는 민지 엄마가 세 아이들에게 단호하게 말했다.

"그냥 열심히 해 봐. 좋은 거야. 끝까지 시키는 대로 하면, 모두 성공한대."

지우는 걸으면서 스마트워치를 몇 번이나 보았다. 도보 숫자가 2,500이 넘어가자, 방향을 돌리자고 했다. 지우의 우렁찬 함성에 따라 모두 방향을 바꿨다. 몇 발 걷지도 않았는데, 다리에 힘이 들어갔다.

"어! 이상하다. 올 때는 쉬웠는데, 지금은 힘들어."

"맞네."

걷기 시작할 때는 내리막이었지만, 돌아갈 때는 약간 오르막이었다.

"만 보 했으면, 큰일 날 뻔했네. 이런 길을 다시 돌아간다고 생각해 봐. 얼마나 힘들겠어."

지우는 가온이와 민지를 보며 자랑스럽게 이야기했다.

자전거를 타는 사람이 많았다. 지우는 쌩쌩 지나가는 자전거를 보았다. 자전거가 있으면, 조금 더 편하게 운동할 수 있다는 생각이 들었다.

'1등 하면 자전거를 준다고 했지. 히히!'

이런 상상도 잠시, 지우는 첫 번째 미션부터 가온이에게 졌다는 생각이 들었다. 첫 단추부터 잘못 끼울 수는 없었다. 지우는 1등 할 방법을 생각하며 한참을 걸었다. 뭔가 머리를 번쩍 스치고 지나갔다.

'맞네. 내가 왜 이 생각을 못 했지?'

대형 마트에 가면 편의점보다 더 많은 과자를 고를 수 있었다. 대형 마트가 조금 멀지만, 운동도 할 겸 내일 꼭 가야겠다고 마음먹었다. 이런 생각을 하자 마치 1등 한 것처럼 기분이 좋았다. 지우는 혼자 싱글벙글 웃으며 걸었다.

"지우야, 무슨 생각해?"

민지가 옆으로 쓱 다가오며 물었다.

"아니, 아무것도 아니야."

지우는 아무 일도 없다는 듯 표정을 감추며 걸었다.

다음 날, 지우는 평소보다 점심을 적게 먹었다. 아침에 체중계를 달아 보니 몸무게가 100g 더 빠졌다. 기분이 좋았다. 1kg을 미리 빼면, 1등 할 확률이 더 높아질 거라고 생각했다.

"어디 가니?"

"산책 다녀올게요."

"또? 이 날씨에 너무 무리하면 건강에 해로워."

지우 엄마가 걱정스러운 얼굴로 현관까지 따라 나왔다.

"너무 걱정하지 마세요. 조금만 할 거예요."

지우는 씩씩하게 대답하고 집을 나왔다.

바깥 날씨가 무척 더웠다. 버스를 타고 싶었지만, 20분 정도

걸어가면 어젯밤에 운동한 만큼 효과가 있을 것 같았다. 게다가 돈을 아껴야 과자를 살 수 있었다. 푹푹 찌는 날씨만큼 걷는 속도가 뚝뚝 떨어졌다. 버스만 보면 마음이 흔들렸지만, 몇 번이나 마음을 다잡으면서 주먹을 불끈 쥐었다. 마침내 저만치 마트 간판이 보였다. 지우는 사막에서 오아시스를 찾은 것처럼 기뻤다.

마트는 입구부터 시원했다. 마치 북극에 온 것 같았다. 찬 바람이 온몸의 땀을 한 방에 휘감아 날려 버렸다. 기분이 상쾌했다. 지우는 에스컬레이터를 타고 지하로 내려갔다. 눈썰매를 타고 달리는 기분이 들었다. 그때 맛있는 냄새가 지우의 코끝을 간질였다.

"시식하고 가세요. 맛있는 양념치킨입니다."

"1+1입니다. 고기만두 맛보고 가세요. 오늘만 1+1입니다."

물건을 파는 곳인지, 뷔페 식당인지 구분할 수 없을 만큼 마트 안에는 공짜로 먹을 게 많았다. 군침이 돌았다. 구수하고 향긋한 냄새가 속을 뒤집어 놓았다. 지우는 주먹을 꼭 쥐고 앞만 보고 걸었다. 여기서 하나라도 먹으면, 덜 먹고 운동한 게 아무 소용이 없었다.

"휴! 겨우 참았네."

과자 코너에 무사히 도착했다. 지우는 입구에서 주변을 살폈다. 편의점보다 10배, 아니 50배는 더 많은 것 같았다. 과자들을 하나하나 살피며 천천히 걸었다. 기분이 좋아 자신도 모르게 어깨춤을 추었다.

"뭘 고르지?"

초콜릿 과자가 빼곡히 진열되어 있는 곳을 집중해서 살폈다. 처음 보는 과자가 있었다. 뭔가 느낌이 좋았지만, 겨우 690칼로리였다. 이 정도 칼로리로는 만족할 수 없었다. 800칼로리는 되어야 마음이 놓였다.

지우는 진열장 앞을 맴돌다가 정말 싫어하는 과자를 발견했다. 맛이 너무 없어 평소에 절대 먹지 않던 과자였다. 조심스럽게 과자 뒷면을 살폈다. 450칼로리였다.

"이렇게 맛없어도 450칼로리? 쯧!"

지우는 혀를 차며 고개를 내저었다. 바로 옆에는 너무 달아서 손대기도 싫었던 과자가 있었다. 얼른 들어 뒤를 확인해 보니, 880칼로리였다. 지금까지 본 과자 중에서 최고였다.

"와! 어떻게 만들면 이렇게 칼로리가 높을 수 있지?"

지우는 앞면에 있는 과자 사진을 보면서 과자 만드는 상상을 해 보았다. 과자를 튀기고, 시럽과 초콜릿을 듬뿍 묻히고, 젤리

와 초코칩을 촘촘히 박는 장면이 그려졌다.

"좋았어!"

지우는 흐뭇한 미소를 지으며 가격을 보았다. 3,600원이 조금 비싸게 느껴졌다. 하지만 자전거에 비하면 껌값이었다. 자전거를 위해 이 정도 투자는 아깝지 않았다. 세상에 공짜는 없으니까. 고칼로리 중에서도 고칼로리를 선택해서 기분이 좋았다. 입이 다물어지지 않았다.

지우는 음식의 유혹을 피하려고 다른 길을 선택했다. 하지만 얼마 가지 않아 음식 냄새가 코끝을 괴롭혔다.

"이 냄새는……?"

지금까지 맡았던 냄새와 차원이 달랐다. 지우는 손으로 코를 막았지만, 좋은 냄새는 콧속으로 파고들었다. 자신도 모르게 고개가 스르륵 돌아가더니, 시식 코너 아줌마와 눈이 마주쳤다.

"학생, 이거 하나 먹어 봐."

새로 나온 한우 떡갈비였다. 이쑤시개 끝에 두툼한 떡갈비가 꽂혀 있었다. 거절하기에는 거리가 너무 가까웠다. 지우는 뒤로 가려고 발버둥을 쳤지만, 자석이 당기는 듯 꼼짝도 할 수 없었다.

'딱 하나만 먹자. 하나는 괜찮아.'

지우는 스스로를 설득하며 떡갈비를 받았다. 육즙이 입안에 가득 찼다. 감칠맛이 입속에서 맴돌다 온몸으로 퍼져 나갔다. 거부할 수 없는 매력적인 맛이었다.

"하나 더 먹어요."

아주머니가 떡갈비 두 개를 꽂아 건넸다. 지우는 홀린 듯이 받아 들었다. 떡갈비 두 개가 눈앞에서 순식간에 사라졌다. 순간, 머릿속에 '칼로리' 세 글자가 떠올랐다.

지우는 슬그머니 발을 뒤로 빼며 조심스럽게 제품 뒷면을 살폈다. 2,700칼로리였다.

"하나 줄까?"

"아뇨. 그게 아니라, 이거 한 봉지에 몇 개 들었어요?"

지우는 손사래를 치면서 아주머니를 보았다.

"한 봉지에 15개 들었어. 좀 크게 만들어서 개수가 좀 적어. 그래도 한우로 만들어서 맛은 아주 좋아."

지우는 깜짝 놀랐다. 3개면 5분의 1을 먹은 셈이었다. 순식간에 540칼로리를 먹어 치웠다. 어깨에 힘이 쭉 빠졌다. 적게 먹고, 열심히 운동한 게 모두 물거품이 되었다는 생각이 들었다.

지우는 과자를 계산하고, 집까지 걸어왔다. 집에 오자마자 체중계에 올라갔다.

"헉!"

떡갈비 3개만큼 숫자가 바뀌었다. 지우는 과자를 방에 던져 놓고 화장실로 뛰어갔다. 변기에 앉았지만, 힘을 주어도 똥이 나오지 않았다. 10분을 멍하게 앉아 있다가 방으로 들어왔다. 방금 산 과자라도 먹지 말아야겠다는 생각이 들었다. 과자를 서랍에 넣었지만, 그래도 불안했다. 과자가 너무 가까운 곳에 있었다.

'이렇게 해도 먹을 수가 있어.'

지우는 과자를 모두 꺼내 봉지에 굵은 매직으로 숫자를 크게 적었다. 칼로리가 적힌 숫자를 보면, 과자를 먹고 싶은 마음이 싹 달아날 것 같았다.

"절대 먹지 말아야지."

과자 3개를 뚫어지게 쳐다보면서, 지우는 다짐하고 또 다짐했다.

과자와 초콜릿을 덜 먹으면,
카카오나무 한 그루를 살릴 수 있다고?

라면과 아이스크림을 덜 먹으면
기름야자나무 한 그루를 또 살릴 수 있다고?

과자를 먹으면 숲이 사라져!

수요일 오전, 가온이와 민지는 녹색쉼터에 가자마자 온실로 향했다. 온실 안에 아이 몇 명이 화분을 보고 있었다. 앞뒤로 뻥 뚫린 온실이었다. 습기가 많아 내부는 바깥보다 더웠다.

"아직 그대로네."

"언제 싹이 나지?"

둘은 화분을 보고 얼른 나왔다. 가만히 있어도 땀이 절로 흘러내렸다. 가온이는 강의실에 들어가자마자 선풍기 아래에 섰다. 강의실 안이 꽤 시끄러웠다. 아이들이 다이어트 이야기에 열을 올리고 있었다.

"과자만 안 먹었는데, 살이 빠진 게 정말 신기해. 나 200g 빠졌어."

"정말? 나는 그대로야. 살이 안 빠져."

"지금 몇 킬로그램인데?"

"히히! 비밀이야. 암튼 안 빠졌어."

나무박사와 공셰프가 들어오자, 아이들이 입을 다물었다.

"다들 잘 지냈나요? 먼저 미션부터 점검하겠습니다. 모두 과자를 꺼내 주십시오."

아이들이 과자를 꺼내자, 공셰프가 책상 사이를 돌아다니며 살폈다. 하나를 먹고, 하나만 가져온 아이도 있었다.

"어!"

민지가 지우 쪽으로 고개를 돌리다가 표정이 굳어졌다. 지우 책상 위에 낯선 과자가 있었다. 민지가 가온이를 톡 치며 지우를 가리켰다.

"이거 반칙 아냐?"

"어쩐지. 조금 수상했어."

녹색쉼터에 오기 전, 지우가 단체 대화방에 문자를 남겼다. 늦잠을 잤다고, 먼저 가라는 내용이었다.

나무박사가 흐뭇한 미소를 지으며 아이들을 둘러보았다.

"과자를 안 먹고 가져온 학생에게 모두 5점씩 주겠습니다. 모두 잘했습니다. 이제 과자 콘테스트를 시작하겠습니다. 칼로리

높은 과자가 1등입니다. 1등 10점, 2등 8점, 3등 6점이 걸려 있습니다. 650부터 시작하겠습니다. 650칼로리 밑으로는 과자를 가방에 넣으세요. 그리고 650보다 높은 사람만 손을 들고 칼로리를 이야기하세요."

과자 몇 개가 가방 속으로 사라졌다. 민지도 과자를 넣었다.

"저, 680인데요?"

가온이가 큰 소리로 외치며 주변을 살폈다. 가온이와 지우의 두 눈이 딱 마주쳤다. 지우는 뒤를 보다가 깜짝 놀라며 앞으로 몸을 돌렸다.

"저는 710이요."

어떤 여자아이가 말했다. 몇몇이 실망한 듯 고개를 흔들며 과자를 쥐었다. 이제 몇 명 남지 않았다. 780, 790까지 올라가자, 손을 들지 않은 사람은 지우와 한 명밖에 없었다. 지우는 기분이 좋은 듯 어깨를 흔들며 손을 들었다. 나무박사가 지우에게 다가갔다.

"880이요!"

지우가 경쾌한 목소리로 말하자, 모두 부러운 듯 함성을 질렀다. 하지만 그때, 뒤에 있던 여자아이가 손을 번쩍 들었다. 890칼로리였다.

지우는 깜짝 놀란 듯 고개를 뒤로 돌렸다. 민지가 지우를 매서운 눈으로 쳐다보았다. 가온이의 눈빛도 날카로웠다. 지우는 둘의 눈빛에 오싹한 기운을 느꼈는지 고개를 얼른 앞으로 돌렸다.

공셰프가 1·2·3등 과자를 들고 앞으로 나오더니 아이들에게 모두 앞으로 나오라고 했다. 아이들이 둥그렇게 원을 그리며 과자 주변을 에워쌌다.

"5점짜리 보너스 퀴즈 나갑니다. 이 과자 3개에 공통으로 들어 있는 재료 2가지를 찾으세요. 정답 2개를 동시에 말해야 점수를 받을 수 있습니다."

말이 끝나기가 무섭게 아이들이 눈을 크게 뜨고 과자 뒷면을 살폈다. 지우도 과자 하나를 낚아챘다. '초콜릿' 하나는 찾았는데, 또 하나는 뭔지 알 수 없었다. 다른 아이들도 초콜릿을 찾은 듯한 눈치였다.

지우는 곰곰이 생각했다.

'나무 다이어트와 관련 있을 것 같은데, 또 뭐가 있지? 맞아. 우리 몸을 해치는 나쁜 성분이 들어 있을 거야. 그게 뭘까?'

한참을 생각하다가, 지우는 다른 과자를 집어 들었다. 뒷면을 보다가 '팜핵경화유'에서 딱 멈췄다. 단어 앞에 식물성 기름이라고 적혀 있었다.

'식물성 기름? 기름은 몸에 안 좋겠지?'

조심스럽게 다른 과자를 들었다. 팜유, 팜올레인유…… '팜'으로 시작하는 단어가 또 있었다. 지우가 잽싸게 손을 들었다. 나무박사가 지우에게 고개를 돌렸다.

"팜과 초콜릿이요."

"오! 정답입니다."

나무박사가 큰 소리로 말하며 손뼉을 쳤다. 보너스 5점이 지우에게 돌아갔다. 아이들이 부러운 눈으로 지우를 쳐다봤다. 나무박사가 앞으로 나왔다.

"이제부터 팜유에 대해 알려 드리겠습니다. 공셰프!"

나무박사가 나긋나긋하게 이야기하며 고개를 돌렸다. 공셰프가 티스푼으로 팜유를 떠서 위로 올렸다.

"팜유 한 숟갈이 약 40칼로리입니다. 상당히 높죠. 과자, 라면을 튀길 때 팜유를 많이 씁니다. 팜유를 사용하면, 식품을 오래 보관할 수 있거든요."

나무박사가 대형 화면을 띄웠다. 기름야자나무에 대한 설명이었다.

"문제는 열량이 아닙니다. 팜유의 재료인 기름야자나무 열매를 재배하기 위해 동남아시아 숲이 사라진다는 사실입니다."

기름야자나무 열매로 짠 기름은 가공 방법에 따라 팜유, 팜핵 경화유, 팜올레인유 등으로 나눈다. 기름야자나무의 원산지는 아프리카 서부 열대 지방이지만, 다국적 기업이 인도네시아와 말레이시아로 들어가 숲을 없애고 대형 팜 농장을 지었다. 전 세계 팜유의 85%가 인도네시아와 말레이시아에서 생산되었다.

아이들은 설명을 들으며 표정이 어두웠다. 몇몇 아이는 혼잣말을 내뱉으며 걱정을 쏟아 냈다.

"과자를 먹으면 숲이 사라지네."

"라면도 똑같아. 라면도 먹지 말아야겠어."

마지막에 나무박사는 팜유를 재료로 사용하는 식품에 관해 얘기했다. 빵, 과자, 라면, 케이크, 마가린, 아이스크림 등 주변에서 쉽게 구할 수 있는 식품이 꽤 많았다. 팜유를 쓰는 곳은 식품만이 아니었다. 비누, 샴푸, 립스틱, 핸드크림, 주방 세제를 만들 때도 사용했다.

"아이스크림 만들 때도 팜유가 들어가네?"

"립스틱이랑 핸드크림에도 들어가?"

민지와 가온이가 설명을 듣다가 깜짝 놀라며 서로 한마디씩 내뱉었다.

팜유에 대한 설명이 끝나자, 이번엔 카카오를 설명한 화면이 나왔다. 초콜릿 재료인 카카오 역시 열량이 높았다. 카카오에는 몸에 좋은 성분이 많지만, 100g당 무려 530칼로리일 정도로 열량이 높다.

카카오나무는 건조한 열대 기후에서 자란다. 아프리카 일부 국가에서 전 세계 70% 정도의 카카오를 생산했다. 하지만 카카오를 더 많이 재배하기 위해 숲에 불을 질러 농장을 만들었다. 2023년까지 카카오나무를 심기 위해 50년 동안 열대 우림의 80% 이상이 사라졌다. 카카오 농장이 더 늘어나면, 2030년에는 열대 우림이 완전히 사라질 수 있다.

"초콜릿도 포기해야 하나요?"

"정말 심각한데요. 초콜릿 때문에 숲이 사라진다고 생각하니, 너무 슬퍼요."

"네, 맞습니다. 지난 시간, 여러분은 훌륭한 일을 했습니다. 4일 동안 과자를 먹지 않았습니다. 여러분의 노력으로 카카오나무와 기름야자나무를 한 그루씩 살린 셈입니다."

나무박사의 말에 아이들의 표정이 밝아졌다.

"과자를 안 먹는 거랑 나무가 사는 거랑 무슨 관계가 있어요?"

앞에 앉은 아이가 질문을 하면서 고개를 갸웃거렸다.

"간단히 생각해 봅시다. 초콜릿이 덜 팔리면, 공장은 초콜릿 생산을 줄이면서 카카오 열매를 덜 사 옵니다. 카카오 열매가 덜 팔리면, 카카오 농장도 생산을 줄입니다. 이런 식으로 계속 줄어들면, 카카오나무를 심기 위해 숲을 없애고 농장을 만들 필요가 없습니다."

나무박사의 설명에 아이들이 고개를 끄덕였다. 초콜릿을 덜 먹는 게 숲을 지키는 방법임을 알았기 때문이다.

"지금까지 우리가 나무 3그루씩 살린 건가? 여기 모인 사람이 열 명이니까 모두 30그루네. 히히!"

"와! 신기하다. 우리가 동남아시아와 아프리카의 숲을 지킬 수 있다니!"

"그럼 우리는 뭘 먹어요?"

맨 뒤에 있던 남자아이가 시무룩한 표정을 지으며 물었다.

"그래서 또 하나를 준비했습니다. 모두 공셰프를 따라 녹색주방으로 이동하세요."

아이들은 녹색주방으로 향했다. 모두 자리에 앉자, 공셰프가 앞으로 나왔다.

"2교시에는 여러분이 먹을 간식을 만들어 볼 거예요. 오늘은 단호박칩입니다. 앞으로 우리가 만들 간식에는 팜유, 설탕, 초콜릿, 3가지가 들어가지 않습니다. 이 3가지를 먹으면, 숲이 사라진다는 사실 모두 알죠?"

"설탕도요?"

앞에 앉은 남자아이가 눈동자를 굴리며 공셰프를 바라보았다.

"조금 전에 배우지 않았나요?"

"아뇨. 카카오나무와 기름야자나무에 대해서만 배웠어요."

"아, 그렇군요. 설탕을 만드는 사탕수수에 대해서 간단하게 알려 드리겠습니다. 음료수를 예로 들면 설탕을 설명하는 게 더 쉬울 것 같군요."

공셰프가 이야기하면서 냉장고에서 콜라 캔 하나를 꺼냈다.

200밀리리터짜리 작은 캔이었다. 컵 2개를 꺼내 한 잔에 콜라를 따르고, 나머지 컵에 설탕을 부었다. 콜라 한 잔에서 나오는 100칼로리만큼 설탕을 채웠다. 5분의 1컵 정도였다.

"콜라 먹을 사람?"

공셰프가 설탕이 든 컵을 높이 들어 올려 흔들었다.

"셰프님, 그거 콜라 아닌데요. 설탕이에요."

"설탕 맞습니다. 하지만 칼로리로 생각하면, 설탕이나 콜라나 똑같습니다."

"네?"

몇몇 아이가 깜짝 놀라며 소리쳤다.

"문제는 칼로리가 아닙니다. 사탕수수를 심기 위해 인도, 중국, 브라질, 파키스탄 등의 나라에서 숲을 없앴습니다. 팜, 초콜릿, 설탕을 왜 먹지 말라는지 이제 알겠죠?"

공셰프 앞에 단호박에 담긴 큰 바구니가 놓여 있었다.

"자, 이제 단호박칩을 만들어 보겠습니다."

공셰프가 단호박칩 만드는 과정을 설명했다. 과정은 생각보다 어렵지 않았다. 주먹만 한 단호박을 깨끗이 씻고, 반으로 자른다. 숟가락으로 씨를 모두 파낸다. 단호박을 채칼로 얇게 채쳐서 접시에 담는다. 전자레인지에 2분 정도 돌리면 바싹바싹

한 단호박칩으로 변한다.

"정말 쉽네!"

"맛있을까?"

설명이 끝나자, 서로 한마디씩 하며 미소를 지었다. 아이들은 모두 앞으로 나와 단호박을 받았고, 수돗가에 모여 단호박을 씻었다. 공셰프가 단호박을 조각으로 잘라 채칼로 썰었다. 단호박이 채칼 위로 지나가면 반달 모양이 되었다.

한 아이가 공셰프에게 말을 걸었다.

"제가 해 봐도 될까요? 재미있을 것 같아요."

"채칼이라도 위험해. 얇게 써는 건 내가 해 줄게."

모두 얇은 단호박을 접시 위에 가지런히 놓고 전자레인지에 돌렸다. 사방에서 전자레인지가 정신없이 돌아갔다.

"땡."

첫 번째 단호박칩이 완성됐다. 몇몇 아이가 뛰어와 단호박을 맛보았다. 모양도 예쁘고 맛도 좋았다.

"다 만든 학생은 하나씩만 맛보고, 밀폐 용기에 넣으세요. 밀폐 용기는 다음 시간에 꼭 가져오세요."

12시가 조금 넘었을 때, 단호박칩 만들기가 끝났다. 모두 밀폐 용기를 하나씩 들고 강의실로 이동했다. 오늘 미션은 토요일까지 과자 대신 단호박칩으로 간식 먹기였다. 3일치 간식이었다.

　저녁을 먹고, 지우는 엄마와 함께 체육공원으로 향했다. 가로등 불빛이 반짝반짝 빛나며 사람들의 목소리가 들렸다. 5분 정도 걸었을 뿐인데 땀이 비 오듯 흘러내렸다.

　"엄마, 오늘은 너무 더워요."

　"진짜! 오늘 무척 덥네. 빨리 가자. 강가에 가면 시원한 바람이 불 거야."

　공원 앞에 강이 흘렀다. 시원한 강바람이 불 때마다 후끈한 공기를 잠시 밀어냈지만, 찬 바람은 온데간데없이 금세 사라지고 더운 공기가 잽싸게 밀려왔다. 더위에 지쳤는지 풀벌레도 힘없이 울어 댔다.

　가온이와 민지는 벌써 와 있었다.

　"지우 어머니, 오늘부터 같이 운동하시게요?"

　민지 엄마가 눈짓으로 가볍게 인사하며 다가왔다.

　"그게 아니라, 단호박칩 때문이에요."

　"단호박칩 먹어 보셨어요?"

　"네, 맛있던데요. 너무 맛있어서 문제죠."

　지우 엄마 목소리에 한숨이 섞여 있었다.

"무슨 일 있어요?"

지우 엄마는 낮에 있었던 일을 이야기했다. 지우가 녹색쉼터에서 오자마자, 단호박칩을 자랑했다. 지우 엄마가 맛을 본다고 단호박칩 하나를 먹었다. 겉은 바삭하고, 속은 부드럽고 촉촉했다.

"맞아요. 완전 겉바속촉이죠. 그래서요?"

"그래서는요. 다 먹어 버렸죠. 그래서 운동 마치고, 단호박 사려고 나왔어요. 후후."

"같이 가요. 내일 우리 집에 모여서 단호박칩을 같이 만들어요. 민지 아빠도 맛있다고 하면서 민지 단호박칩 몇 개 꺼내 먹었거든요."

"그럴까요? 후후."

엄마들은 벌써부터 설레는 표정으로 서로 웃음을 지었다.

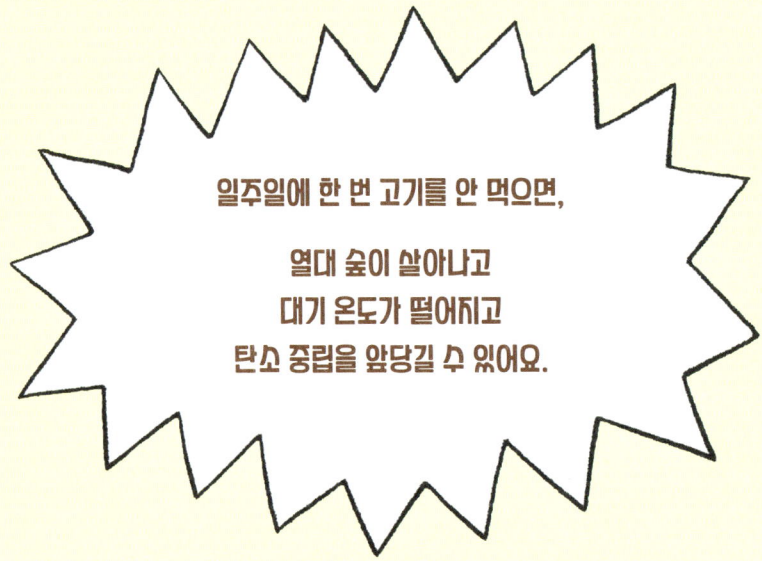

소 똥구멍을 막아라!

토요일 아침, 셋은 민지 집 앞에서 만나 녹색쉼터로 출발했다. 햇살이 따갑게 내리쬤다. 5분도 걷지 않았는데, 민지가 땀을 닦으며 느릿느릿 걸었다.

"더워. 오늘따라 바람도 안 불어."

짜증 섞인 목소리였다.

"올해 무척 덥대. 적도 근처에 슈퍼 엘니뇨가 발생했다나?"

"슈퍼 엘니뇨? 그게 뭔데?"

민지가 말끝을 올리며 가온이를 보았다.

"그런 게 있어. 나도 잘 몰라. 히히!"

가온이가 대답하면서 나무 그늘 밑으로 쏙 들어갔다. 뙤약볕 속에서 걷는 게 쉽지 않았다. 셋은 녹색쉼터까지 걷다 쉬기를 몇 번 반복했다. 언덕길로 올라가자 바람이 훅 불었다.

"와! 시원한 바람이다."

가온이가 녹색쉼터로 들어가며 혼잣말을 내뱉었다. 마침 나무박사가 온실 옆에서 나무에 물을 주고 있었다.

"안녕하세요, 박사님."

지우가 목소리를 높여 인사했다. 나무박사가 고개를 끄덕이며 반갑게 손을 흔들었다.

셋은 온실 안으로 들어가 화분을 살폈다. 아직 그대로였다. 온실 안이 무척 더웠다. 셋은 화분을 대충 보고 강의실로 들어갔다.

나무박사가 부채를 쥐고 강의실 안으로 들어왔다.

"박사님, 더우신가 봐요."

"그래, 올해 무척 덥구나."

나무박사가 대답하면서 의자에 앉았다. 민지가 선풍기 바람을 쐬다가 나무박사를 보며 몸을 돌렸다.

"박사님, 올해 날씨가 더운 게 엘니뇨 때문이라는데, 맞나요?"

"맞다. 엘니뇨 때문에 더운 바다가 더 뜨거워졌지."

"정말요?"

주변에 있던 몇몇 아이가 관심을 보이며 모였다. 나무박사가 엘니뇨에 대해 간단히 알려 주었다.

> 엘니뇨(El Niño)는 태평양의 온도 변화로 인해 발생하는 기후 현상 중 하나이다. 태평양 동쪽 바닷물 온도가 5개월 이상 평년보다 0.5도 이상 높으면 '엘니뇨'가 발생한다. 엘니뇨가 발생하면 중남미 지역에는 폭우와 홍수, 동남아시아에는 가뭄이 생긴다.

"엘니뇨가 왜 일어날까요?"

"글쎄다. 왜 일어날까?"

나무박사가 웃으며 아이들을 쳐다보다가 다시 입을 열었다.

> 엘니뇨는 예전부터 발생한 기상 현상이다. 하지만 지구 온난화로 바닷물 온도가 올라가면서 슈퍼 엘니뇨가 되었다. 슈퍼 엘니뇨 때문에 더 센 가뭄, 더 센 폭우, 더 센 태풍 등이 발생했다. 게다가 극한의 이상 기후로 농작물의 피해가 발생했다.

"슈퍼 엘니뇨를 막을 방법은 없나요?"

"있지."

그때 공세프가 강의실로 들어왔다. 나무박사가 시계를 보더니 자리에서 일어났다. 10시였다. 남은 이야기는 수업 시간에 해도 될 것 같았다. 공세프가 출석을 부르고, 미션도 확인했다. 단호박칩 미션을 실패한 사람은 단 한 명도 없었다.

나무박사가 앞으로 나왔다.

"모두 숲을 잘 지키는 데 성공했군요. 아주 좋습니다. 그럼 오늘부터 조금 어려운 미션에 도전해 보겠습니다."

아이들이 눈을 초롱초롱 뜨며 나무박사를 바라보았다. 하지만 이번 미션이 '고기 덜 먹기'라는 이야기에 아이들 눈빛이 흔들렸다. 고기 없는 식사는 상상할 수 없었다.

"인생은 고기서 고긴데. 고기 없이 어떻게 살아요?"

"고기가 아니면, 모두 간식인데. 매일 간식만 먹고 살라고요?"

아이들이 장난스럽게 투덜거리자, 나무박사가 고개를 끄덕이며 빙그레 웃었다.

"안 먹는 게 아니라, 조금 덜 먹자는 말입니다. 오늘이 토요일이니까, 월요일 딱 하루, 세 끼 식사 사진을 찍어 오면 됩니다."

"하루요?"

칠판에 '고기 없는 월요일(Meat Free Monday)'을 크게 적었다.

2009년, 영국의 록 밴드 비틀즈의 기타 연주자인 폴 매카트니

가 기후변화협약을 위한 유럽의회에서 '고기 없는 월요일 캠페인'을 제안했다. 이번 미션은 '고기 없는 월요일 캠페인' 실천이었다.

"혹시, 고기를 덜 먹는 것이 탄소 중립과 어떤 관계가 있나요?"

"아주 밀접한 관계가 있습니다. 일주일에 한 번만 고기를 덜 먹으면, 온실가스 배출을 줄일 수 있고, 심지어 슈퍼 엘니뇨까지 막을 수 있습니다."

나무박사가 화면에 동물이 배출하는 온실가스량을 보여 주었다. 소가 1등이었다.

"소 방귀 때문이래."

"방귀? 확실해?"

"설마. 소가 방귀를 뀌면 얼마나 뀐다고."

아이들이 말장난을 치다가 나무박사를 보았다.

"맞습니다. 소의 방귀와 트림에서 온실가스 중 하나인 메탄이 발생합니다."

소를 키울 때 발생하는 온실가스 배출량은 상당히 많았다. 전 세계에서 키우는 소는 약 15억 마리 정도였다. 소를 키울 때 발생하는 온실가스는 전 세계 온실가스 배출량 중 약 17%나 되었다.

"그렇게 많아요?"

"15억 마리요?"

모두 놀란 표정이었다.

충격적인 내용은 여기서 끝이 아니었다. 소먹이도 문제였다. 소가 먹는 풀과 사료를 재배하기 위해 숲이 또 사라졌다. 소가 1kg 살이 찌려면, 사료 25kg를 먹어야 한다. 그리고 송아지가 600~700kg의 큰 소로 클 때까지 엄청난 양을 먹어 치웠다.

"소 똥구멍을 막으면 안 돼요?"

한 아이의 짓궂은 질문에 모두 배를 잡고 깔깔 웃었다.

지우가 조심스럽게 손을 들었다.

"닭과 돼지는요?"

지우네 오늘 저녁은 치킨이었다.

닭과 돼지도 비슷했다. 소만큼 넓은 땅은 필요 없지만, 사료를 키우기 위해 숲이 사라졌다. 닭이 1kg 찌려면, 사료 2kg을 먹었다. 돼지는 4kg 정도였다.

나무박사가 화면에 다른 자료를 띄웠다. 아마존 숲이 불타는 그림이었다.

"여기서 빨간 점이 뭘까요?"

"도시인가요?"

"빨간 점은 아마존 숲에 불이 난 곳입니다."

불이라는 말에 모두 놀랐다. 게다가 지구의 허파인 아마존 우림에서 불이 났다는 사실에 한 번 더 놀랐다.

"박사님, 불 난 위치가 너무 규칙적이에요. 가로세로로 줄을 그어 놓은 것 같아요. 혹시?"

가온이가 화면을 가리키며 물었다.

"관찰력이 뛰어나군요. 고속 도로를 빨리 놓기 위해 아마존에 불을 질렀습니다."

고속 도로가 나자, 도로를 중심으로 생선 가시 모양의 벌목용 도로가 줄지어 생겨났다. 숲이 사라진 자리는 사람이 차지했다. 콩과 옥수수를 심고, 대량으로 소를 키웠다. 아마존 원시림의 숨통을 끊는 데에는 오랜 시간이 걸리지 않았다. 아마존 횡단 고속 도로가 놓인 지 3년 만에 약 3만 ㎢에서 나무가 사라졌다. 또 10년이 흐르면서 35만 ㎢, 또 10년 뒤에 50만 ㎢가 사라졌다. 2018년까지 브라질 아마존에 있던 나무 약 20%가 사라졌다. 대한민국보다 2배 더 넓은 숲이 흔적도 없이 사라진 것이다.

"박사님, 이건 브라질 이야기잖아요. 우리는 한우를 먹으니까 상관없지 않나요?"

"그렇지 않습니다. 한우의 풀과 사료는 수입합니다."

"풀까지 수입해요?"

우리나라에서도 목초인 알파파를 수입했다. 또 닭, 돼지가 먹는 사료의 원료도 모두 다른 나라에서 가져왔다. 모든 가축은 숲을 없앤 자리에서 자란 콩, 옥수수를 먹고 자랐다.

"고기를 덜 먹으라고 하신 이유를 이제 알겠어요."

가온이가 고개를 끄덕이며 말했다. 다른 아이들 표정이 어두웠다.

"고기를 먹지 않으면 좋은 점이 또 뭐가 있을까요?"

나무박사가 애써 밝은 표정으로 아이들을 보며 물었다.

"건강에 좋아요."

"살이 안 쪄요."

"모두 맞습니다. 고기는 채소에 비해 칼로리가 높습니다. 여기를 한번 보세요."

나무박사가 이야기를 하면서 다른 화면을 보여 주었다.

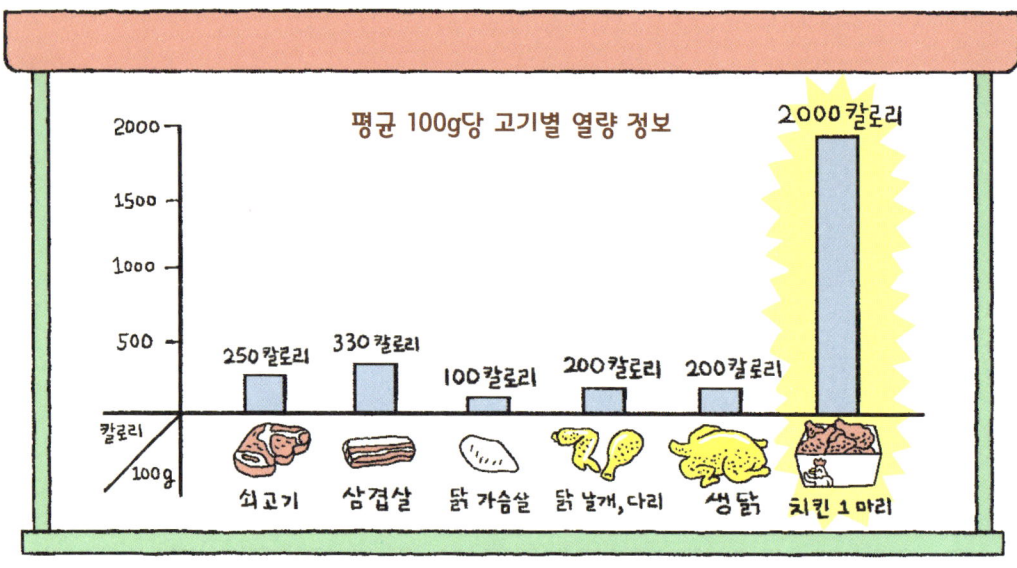

지우 표정이 일그러졌다. 치킨 한 마리가 무려 2,000칼로리였다. 다른 아이도 울상을 지었다. 좋아하는 치킨이 고기 중에서 열량이 가장 높았다.

"고기를 덜 먹으면, 지구 온난화 속도도 늦출 수 있습니다. 수업 시작하기 전에 슈퍼 엘니뇨에 대해 이야기했습니다. 슈퍼 엘니뇨는 지구 온난화와 관련 있습니다. 여러분은 이미 지구 온난화의 원인이 온실가스 때문이라는 것을 알고 있습니다. 온실가스에는 뭐가 있죠?"

"이산화 탄소요."

약속이나 한 듯 몇몇 아이가 큰 목소리로 대답했다.

"또 뭐가 있어요?"

"메탄인가?"

목소리가 조금 줄어들었다.

"맞습니다. 또 뭐가 있죠?"

모두 서로 쳐다보며 고개를 갸웃거렸다.

온실가스 종류는 총 6가지였다. 이산화 탄소, 메탄, 아산화 질소, 육불화황, 수소 불화 탄소, 과불화 탄소였다.

"6가지 모두 기억할 필요는 없습니다. 딱 2가지만 기억하세요. 이산화 탄소와 메탄."

이산화 탄소는 화석 연료를 태울 때 발생했다. 온실가스 발생량의 3분의 2를 차지할 만큼 양이 많았다. 사실 메탄은 발생량이 적지만, 이산화 탄소보다 21배 강한 온실가스이다. 메탄 1g이 이산화 탄소 21g과 같다는 의미였다. 하지만 메탄은 이산화 탄소보다 대기 중에 머무는 시간이 짧았다. 이산화 탄소가 대기 중에서 사라지려면 100~200년 걸렸지만, 메탄은 12년밖에 걸리지 않았다.

"12년이요? 12년도 상당히 긴데요."

"12년이면 상당히 빠른 겁니다. 지금 당장 메탄을 줄이면, 여러분이 어른이 되었을 때 지구 온난화로 인한 이상 기후의 피해를 줄일 수 있습니다."

"정말요? 소가 메탄을 배출하니, 고기를 덜 먹으면 지구 온난화를 막을 수 있겠네요."

"맞습니다. 하지만 우리가 지금처럼 온실가스를 배출한다면, 20년 뒤 지구의 평균 대기 온도는 몇 도나 상승할까요?"

나무박사가 질문하면서 아이들과 눈을 마주쳤다. 모두 입을 꾹 다물며 고개를 저었다.

"너무 어렵나요? 힌트를 드리겠습니다. 지금 전 세계는 2050년까지 1.5도 상승을 막자고 약속했습니다."

"1.4도요?"

"그건 너무 많잖아. 1.35도요?"

몇몇 아이가 장난치듯 코맹맹이 소리를 내면서 얘기했다.

나무박사가 고개를 저으며 아이들을 바라보았다.

"슈퍼 엘니뇨 때문인지 몰라도, 올해 지구 평균 대기 온도가 이상합니다. 세계기상기구(WHO)에서 2024년 발표한 보고서를 보면, 2024년에 1.5도를 이미 넘어섰다고 합니다."

"정말요! 2050년까지 목표가 1.5도잖아요!"

가온이가 슬픈 표정을 지으며 나무박사를 쳐다보았다.

"그러니 우리가 탄소 중립 달성을 위해 더 열심히 노력해야 합니다."

1도 상승 : 동식물의 멸종 시작, 북극 해빙의 감소, 사막의 모래 폭풍 증가
2도 상승 : 북극의 빙산 소멸, 기후 붕괴, 전염병 확산
3도 상승 : 빙하 소멸로 해수면 상승, 기후 난민 발생, 영구 동토층이 녹아 지구 온난화 가속
4도 상승 : 건조 지대 확산, 식량 생산량 급감, 대량 멸종
5도 상승 : 열 충격, 대량 멸종, 가뭄 확산, 물 부족 현상 가속화
6도 상승 : 오존층 파괴로 자외선 급증, 해양 온도 상승으로 바닷물 순환 중단, 대멸종 진행

첫 시간이 끝났지만, 아이들은 모두 제자리에 앉아 말없이 화면을 뚫어지게 쳐다보았다. 모두 표정이 심각했다. 언젠가 닥칠 미래가 너무 참혹했다.

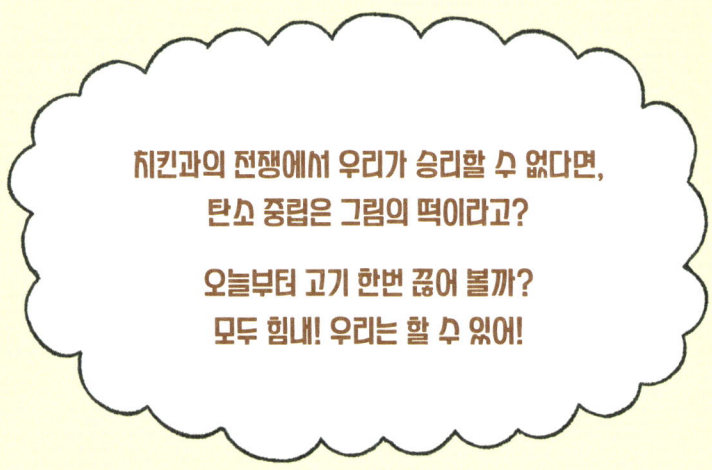

치킨과의 전쟁에서 우리가 승리할 수 없다면,
탄소 중립은 그림의 떡이라고?

오늘부터 고기 한번 끊어 볼까?
모두 힘내! 우리는 할 수 있어!

치킨과의 전쟁을 선포하노라!

"얘들아 여기서 뭐 해? 모두 주방으로 이동! 밀폐 용기 모두 들고 와!"

공셰프가 문 앞에 서서 큰 소리로 이야기했다.

"와! 요리 시간이다."

"오늘은 뭐 만들어요?"

아이들이 잽싸게 일어나 녹색주방으로 뛰어갔다. 모두 표정이 밝았다.

오늘 간식은 단호박 샐러드였다. 식탁에 단호박과 여러 종류의 재료가 가지런히 놓여 있었다.

"밥 먹기 전, 샐러드를 먹으면 왜 좋을까요?"

공셰프가 단호박 하나를 들고 아이들에게 물었다.

"건강에 좋잖아요."

"다이어트에 도움이 돼요."

여자아이들이 재잘대며 이야기했다.

"둘 다 맞아요."

단호박은 크기에 비해 열량이 낮았다. 단호박 100g이 31칼로리밖에 되지 않았다. 샐러드 재료인 양상추도 100g당 18칼로리였다.

"자, 이거 2개 크기를 보세요."

공세프가 단호박을 저울에 달았다. 단호박 하나가 200g이었다. 양상추 하나를 다시 올렸다. 180g이었다.

"오늘 단호박 샐러드를 만들 때는 1인당 단호박 반 개, 양상추 4분의 1을 넣을 거예요. 다른 재료를 모두 넣어도 샐러드는 100칼로리 정도밖에 되지 않아요."

"단호박 하나, 양상추 하나를 모두 넣어 먹으면 배가 불러 밥을 못 먹을 거 같은데요?"

지우가 씩 웃으며 말했다.

"샐러드를 먼저 먹으면 식사량을 줄일 수 있어요. 배가 부르면 밥을 덜 먹거든요. 우리가 밥을 더 먹는 이유는 간단해요. 실제로는 배가 부른데, 머릿속에서 '배고프다'는 신호를 계속 보내

거든요. 그래서 조금 더 먹어요. 자, 이제 단호박 샐러드를 만들어 볼까요?"

공셰프가 단호박과 양상추를 나눠 주었다. 남자아이들은 단호박을 씻고, 여자아이들은 양상추를 뜯어서 씻었다. 단호박을 큰솥에서 찌는 사이, 공셰프는 방울토마토를 가져왔다.

"자! 이것도 깨끗하게 씻어서 다시 넣어 주세요!"

남자아이들이 방울토마토를 하나씩 받아 갔다. 샐러드에 들어가는 재료가 많았다. 단호박, 양상추, 견과류, 구운 달걀, 블루베리, 방울토마토를 넣었다. 준비가 끝나자, 아이들은 큰 접시를 들고 줄을 섰다.

"샐러드 만드는 방법은 굉장히 쉬워요. 여기 있는 재료를 하나씩 담아서 잘 섞으면 됩니다."

공셰프가 큰 접시에 재료를 담아 단호박 샐러드 하나를 만들었다. 아이들이 그릇을 보면서 고개를 갸웃거렸다.

"섞어 먹는 양념은 없나요?"

한 남자아이가 눈을 껌뻑이며 물었다.

"야, 양념이 뭐야? 소스지."

"소스? 드레싱이지."

장난기 어린 말에 주방이 한바탕 웃음바다가 되었다.

초간단 단호박 샐러드

공셰프'S 녹색주방

재료: 단호박, 양상추, 구운달걀, 방울토마토, 얼린 블루베리, 견과류, NO 드레싱, NO 요구르트

1. 단호박은 씻어서 씨를 제거한 후 적당히 잘라 찜기에 찐다.

2. 양상추는 뜯어서 씻는다.

3. 단호박, 양상추, 구운 달걀, 토마토를 접시에 담고 섞는다. 마지막으로 블루베리와 견과류를 위에 뿌려 주면 끝.

"자, 이 접시를 보세요."

공셰프가 방금 만든 샐러드를 보여 주었다. 얼어 있던 블루베리가 녹으면서 남빛을 만들어 냈다. 마치 샐러드 드레싱을 뿌려 놓은 것 같았다.

"이것을 잘 섞으면 다양한 양념을 뿌린 것처럼 예쁘게 변합니다. 맛이 조금 밍밍할 것 같지만, 먹다 보면 맛있습니다. 드레싱은 열량이 무척 높습니다. 100g이 무려 450칼로리입니다."

"저지방 요구르트를 넣으면 안 되나요?"

저지방 요구르트는 100칼로리 정도였다. 하지만 우유로 만들기 때문에 넣지 않는 게 지구를 위하는 방법이었다.

모두 접시에 샐러드 재료를 담았다. 마지막에 공셰프가 땅콩, 호두 같은 견과류를 직접 뿌려 주었다. 견과류는 열량이 높기 때문에 적당량만 먹는 게 좋았다.

아이들이 자리에 앉아 샐러드를 먹었다. 공셰프가 아이들에게 맛을 물었다.

"단호박이 달콤하고 부드러운데요. 아삭한 양상추랑 잘 어울려요."

"블루베리랑 방울토마토를 잘 섞으니까 색깔이 정말 예뻐요."

"바나나를 넣으면 더 맛있을 것 같아요. 행복 지수가 올라가는 느낌이랄까요?"

바나나 이야기에 공셰프가 급하게 책상으로 뛰어갔다. 그리고 컴퓨터에서 뭔가를 검색했다. 잠시 후, 대형 화면에 바나나 그림이 나왔다.

바나나를 찾는 사람이 엄청나게 늘어났다. 바나나를 심기 위해 지구 곳곳에서 숲을 없앴다. 지금 바나나는 옥수수, 밀, 쌀, 콩 다음으로 많이 재배되고 있다. 과일 중에서는 바나나가 1등이었다. 2022년 기준, 세계 바나나 생산량은 1억 1,570만 톤이었고, 인도, 중국, 인도네시아, 브라질, 에콰도르, 필리핀 등에서 많이 생산됐다.

"바나나도 숲을 파괴하는 과일이군요."

몇몇 아이가 푸념을 늘어놓았지만, 이내 표정이 밝아졌다. 지구를 파괴하는 음식을 덜 먹는 게 우리 건강과 지구를 지키는 데 더 도움이 된다는 것을 이제 알기 때문이다.

수업이 끝날 무렵, 공셰프가 천 가방을 2개씩 나눠 주었다. 오늘은 담을 물건이 많았다. 아이들은 각자 밀폐 용기에 양상추와 단호박을 넣었다. 한 번 먹을 만큼 담긴 견과류, 방울토마토 한 상자, 블루베리 한 봉지, 두유와 구운 달걀 10개를 넣었다. 천 가방 2개 모두 불룩했다.

"구운 달걀과 방울토마토가 좀 많죠? 과자 대신 먹을 간식입니다."

아이들은 천 가방에 물건을 넣으면서 신이 난 듯 표정이 밝았다.

"두유는 콩이잖아요. 콩을 먹으면 안 되잖아요?"

민지가 두유를 넣다가 공셰프에게 물었다. 공셰프가 고개를 끄덕이며 빙그레 웃었다. 두유를 나누어 줄 때, 예상했던 반응이었다. 공셰프는 두유를 먹어도 되는 이유를 설명했다.

사료에 쓰는 콩과 달리 우리나라에서 재배하는 콩은 산림을 파괴한 곳에서 키우지 않았다. 방울토마토와 블루베리도 마찬

가지였다.

"오늘 사용한 재료는 모두 우리 농산물입니다."

우리 농산물은 수입 농산물보다 건강하고 신선하다. 이동 거리가 짧기 때문에 농약, 방부제를 덜 사용했다. 또한 모든 농산물은 교통수단으로 이동하며 온실가스를 발생시킨다. 멀리서 온 것일수록 온실가스 배출량이 많고, 가까운 곳에서 온 것은 적다. 먹거리마다 온실가스 배출량을 계산한 푸드마일리지가 있다. 가까운 곳에서 온 우리 농산물은 푸드마일리지 수치가 적다.

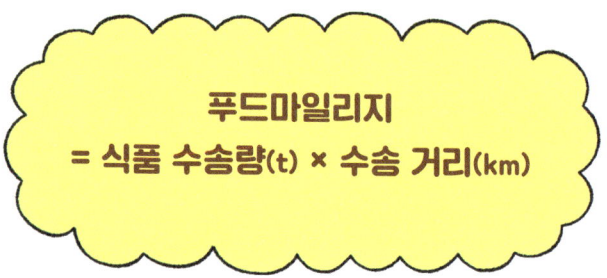

"우리 농산물은 좋은 점이 너무 많네요."

민지의 표정이 밝았다. 우리 농산물로 만든 음식을 먹으면 온실가스 배출을 줄이고, 열대 숲까지 지킬 수 있기 때문이었다.

공셰프가 화면에 품목별 푸드마일리지를 띄웠다.

국가	수송 거리	주요 품목
미국	9,122km	쇠고기, 돼지고기, 닭고기, 옥수수, 밀가루, 콩, 대두, 소맥, 오렌지
캐나다	8,297km	돼지고기, 소맥
러시아	613km	명태
오스트레일리아	6,024km	쇠고기, 소맥, 양배추
브라질	23,140km	옥수수, 사탕수수, 대두
칠레	18,252km	돼지고기, 포도
중국	594km	닭고기, 쌀, 옥수수, 감자, 대두
베트남	3,123km	망고
뉴질랜드	10,382km	쇠고기, 단호박, 키위
필리핀	2,613km	파인애플, 바나나

"서울에서 부산까지 450킬로미터인데, 오렌지가 9,000킬로미터가 넘어. 서울, 부산을 10번 왕복해야 해."

"포도는 1만 8,000킬로미터가 넘어 서울, 부산 20번 왕복!"

모두 수입 농산물의 이동 거리 자료에 깜짝 놀랐다. 자주 먹는 과일이 너무 먼 곳에서 오기 때문이었다.

수업이 끝나자, 아이들은 양쪽 어깨에 가방 하나씩을 걸쳤다. 가온이가 먼저 문턱을 넘자, 민지와 지우가 뒤따랐다. 구름 한 점 없는 하늘에 태양이 외롭게 떠 있었다. 심심한 태양이 심술을 부리는 듯 뜨거운 햇살을 화살처럼 쏘아 댔다.

"오늘부터 고기 한번 끊어 볼까?"

민지가 둘을 보며 물었다.

"그게 가능해? 오늘 복날인데."

지우가 씩 웃으며 민지를 보았다.

"맞네. 그래서 오늘따라 유난히 더 덥게 느껴졌던 거구나. 오늘 저녁은 보나마나 백숙이겠네."

"우리 집은 치킨이야."

"오늘부터 고기 끊기는 힘들겠다. 월요일 하루만이라도 잘 지켜 보자."

"월요일이 복날이 아니라서 다행이다."

지우 목소리에도 푸념이 섞인 듯 힘이 없었다.

"모두 힘내. 우리는 할 수 있어. 고기를 보면, 나, 살 탄다. 지방이 탄다를 외치란 말이야."

가온이가 둘을 보면서 힘차게 소리쳤다.

해 질 무렵, 지우네 현관 벨이 요란하게 울렸다. 헬멧 쓴 아저씨가 지우에게 봉지를 건넸다.

"와! 치킨이다. 식기 전에 빨리 먹자."

아빠가 콧노래를 흥얼거리며 의자에 앉았다. 지우는 치킨을 보며 잠시 주춤했다. 머릿속에 2,000칼로리가 생각났기 때문이다. 지우는 마음속으로 '나, 살 탄다. 지방이 탄다.'를 몇 번 외쳤다. 매콤달콤한 냄새가 코끝을 간질였다.

"안 먹니?"

엄마가 지우 접시에 닭 날개 하나를 놓았다.

"그게 아니라……."

지우는 녹색쉼터에서 배운 것을 좔좔 읊었다. 아빠는 지우 이야기를 들으면서 아무렇지 않다는 듯 치킨을 계속 먹었다.

"이건 팜유로 튀긴 게 아니라 올리브유를 써서 괜찮아. 그리고 너는 4분의 1만 딱 먹어. 그러면 열량도 500칼로리밖에 안 되니까 적당하네."

지우는 녹색쉼터에서 올리브유에 대한 정보는 듣지 못했다. 아빠 말처럼 4분의 1만 먹으면 열량도 적당할 것 같았다.

"네. 알았어요."

지우는 대답을 하면서 큰 접시 하나를 가져왔다. 치킨 4분의 1을 접시에 담고, 냉장고에 넣어 둔 재료를 꺼내 단호박 샐러드를 만들었다. 엄마, 아빠가 신기한 듯 지우를 보았다.

저녁을 먹은 후, 지우는 방으로 들어왔다. 스마트폰이 깜빡거렸다.

잠시 후, 민지가 동영상 주소를 올렸다. 카카오 농장에서 일어나는 아동 노동 착취를 다룬 다큐멘터리였다.

국제노동기구(ILO)의 2021년 6월 보고서를 보면, 전 세계 아동 노동자는 약 1억 6천만 명이다. 그중 절반이 5~11세 아동이다. 특히, 초콜릿을 많이 생산하는 가나, 코트디부아르 카카오 농장에서 아동 착취가 많이 늘어났다.

카카오 농장에서는 임금을 주지 않으면서, 밥도 제대로 주지 않고 아동에게 위험한 일을 시켰다. 아동은 보호 장비 없이 살충제와 제초제가 뿌려진 곳에서 일했다. 전기톱을 들고 숲을 청소하거나, 카카오나무 위에 올라가 칼로 열매를 깎는 등 위험한 일을 했다. 아동은 정해진 목표를 달성하지 못하면 구타를 당했다. 대부분 편하게 쉴 곳이나 제대로 씻을 수 없는 곳에서 생활하며 하루 최대 14시간을 일했다.

지우는 영상을 보고 눈물을 흘렸다. 카카오가 초콜릿으로 변하는 과정이 너무 비참했다.

가온이가 단체 대화방에 글을 올렸다.

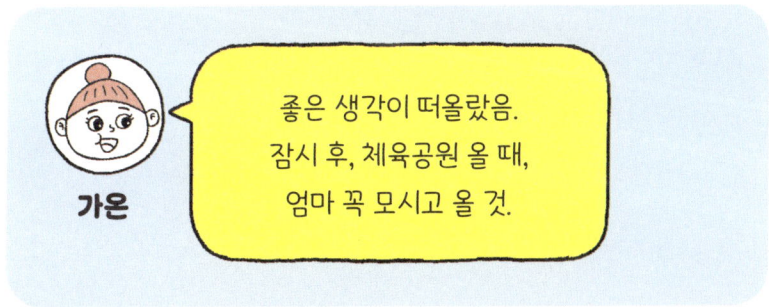

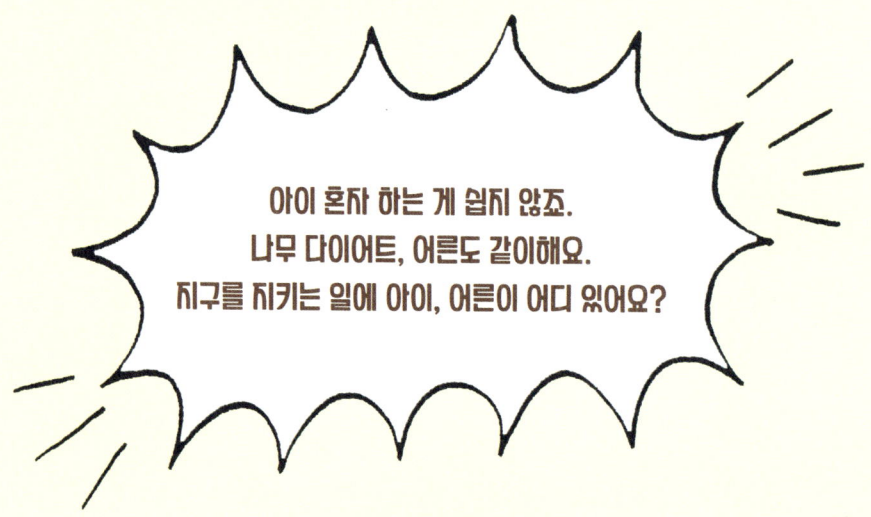

아이 혼자 하는 게 쉽지 않죠.
나무 다이어트, 어른도 같이해요.
지구를 지키는 일에 아이, 어른이 어디 있어요?

7
초콜릿의 눈물

가온이 엄마가 민지 엄마를 보고 반갑게 인사했다.

"어서 와요. 이제 더위가 한풀 꺾인 것 같아요."

"맞아요. 이제 바람이 시원해요."

두 엄마는 서로 안부를 묻다가 벤치에 앉았다. 가온이와 민지는 입구 쪽을 살피며 지우를 기다렸다. 시계를 보았다. 벌써 8시 10분이었다.

"왜 안 오지?"

민지가 전화를 걸었지만, 신호만 갈 뿐 지우는 전화를 받지 않았다.

가온이가 무슨 일이 있냐고 단체 대화방에 문자를 남겼다. 한참을 기다렸지만, 지우는 문자를 읽지 않았다. 가온이는 단체 대화방을 보다가 지우가 남긴 마지막 문장에 눈길이 멈췄다. 과자를 만진다는 말이 마음에 걸렸다. 이런저런 생각을 하다가 지우에게 전화를 다시 걸었지만, 여전히 지우는 받지 않았다.

"가온아, 오늘 왜 오라고 한 거야?"

민지 엄마가 손짓하자, 민지와 가온이는 벤치 앞으로 갔다. 두 아이는 가방에서 노트를 꺼내 펼쳤다.

"이것 좀 보세요."

운동 오기 전까지 녹색쉼터에서 배운 내용을 한 장으로 정리한 노트였다. 급하게 적어 글씨가 엉망이었지만, 간결한 내용이 눈에 쏙 들어왔다. 민지 엄마가 노트를 들고 소리 내어 읽었다. 가온이 엄마도 내용을 들으면서 고개를 끄덕였다.

"우리가 모르는 게 정말 많았네."

"맞아요. 지구 온난화가 더 심해졌다던데, 이 정도는 우리가 꼭 지켜야겠어요."

"정리 잘했네요. 이것만 잘 지켜도 숲을 보호할 수 있겠어요."

가온이는 엄마들의 칭찬에 기분이 좋았다.

"제가 노트 정리한 거 보여 드리려고 오시라고 한 건 아니에요. 나무 다이어트를 하면서 느낀 점을 말씀드리고 싶었어요."

가온이가 제법 의젓한 목소리로 고민을 털어놓았다. 한마디

한마디에 지구를 사랑하는 마음이 담겨 있었다.

아이들에게 나무 다이어트는 쉽지 않았다. 과자, 라면, 초콜릿, 아이스크림을 먹지 말아야 했고, 고기까지 멀리해야 했다. 하지만 나무 다이어트는 건강도 지키고, 숲도 살리는 최고의 방법이었다.

"맞아. 어른이 해도 쉽지 않겠어."

민지 엄마가 이야기를 들으며 안쓰러운 표정을 지었다.

녹색쉼터에서 진행하는 나무 다이어트 프로그램은 2주였다. 나무박사와 공세프는 나무 다이어트의 성공을 위해 아이들에게 2주간 간식을 챙겨 주면서 최대한 도움을 주었다. 그러나 2주가 지나면 모든 것을 스스로 해야 했다. 초등학생 혼자 계속하기에는 쉽지 않았다. 누군가의 도움이 꼭 필요했다.

"나무 다이어트는 가족이 함께해야 성공할 수 있겠어. 민지 엄마, 우리 같이해요."

가온이 엄마가 민지 엄마를 물끄러미 쳐다보았다.

"엄마, 도와주실 거죠?"

민지가 엄마 옆으로 다가왔다. 가온이가 노트를 넘겨 다음 장을 보여 주었다.

"이건 또 뭐니?"

민지 엄마가 눈을 동그랗게 뜨며 노트를 보았다. 푸드마일리지 정보였다. 두 엄마는 가온이의 노트를 읽다가 스마트폰을 들어 사진을 찍었다. 미래 환경을 생각한다면, 수입 농산물보다 우리 농산물을 먹는 것이 모든 면에서 더 나았다.

"이렇게 좋은 정보를 우리 둘만 알았네요. 참, 지우랑 지우 엄마는 왜 안 왔죠?"

민지 엄마가 스마트폰을 들어 곧바로 지우 엄마에게 전화를 걸었다.

지우가 오지 못한 이유는 초코과자 때문이었다. 지우는 배가 고파 과자 봉지를 뜯었다. 그리고 과자를 거의 다 비울 때, 민지가 보낸 영상을 보았던 것이다. 지우는 아프리카에서 카카오를 따는 아이들에게 미안했고, 가온이와 민지를 만날 자신도 없었다.

민지 엄마가 지우 이야기를 해 주었다.

"지우가 초콜릿을 입에 넣고 눈물을 펑펑 흘렸다는데, 지우 엄마가 지우를 보고 웃지도 못하고, 마음이 아파 말리지도 못했대요."

"맞아요. 아이 혼자 하는 게 쉽지 않죠. 나무 다이어트, 우리도 같이해야겠어요. 지구를 지키는 일에 아이, 어른이 어디 있어요?"

"좋아요. 같이해 보죠!"

가온이 엄마가 활짝 웃으며 일어났다. 넷은 길을 따라 경쾌하게 걸었다. 어두운 밤하늘에 노란 달이 강물 위에 떠서 환하게 꽃을 피웠다. 길가에 핀 코스모스가 살랑살랑 부는 바람에 춤을 추며 몸을 떨었다.

수요일 아침, 가온과 민지는 녹색쉼터까지 뛰었다. 지우를 기다리다가 출발이 늦어졌기 때문이다. 몇 번이나 연락했지만, 지우는 전화도 받지 않고 문자도 읽지 않았다. 두 아이는 땀을 뻘뻘 흘리며 강의실 자리에 가방을 놓고는 선풍기 앞에 섰다.

"휴! 겨우 시간 맞췄네. 다행이다."

9시 58분이었다. 민지가 고개를 돌리며 땀을 말렸다. 나무박사와 공셰프가 들어오면서 빈자리를 살폈다. 10명 중 4명이 결석했다. 공셰프가 아이들의 월요일 식사 사진을 검사하고, 나무박사에게 이야기했다.

나무박사가 환하게 웃으며 말했다.

"오늘 온 학생 모두 고기 없는 월요일(Meat Free Monday) 캠페인에 성공했군요. 이번 미션이 조금 어려웠던 만큼 20점을 드리겠습니다."

하루 동안이지만, 고기를 빼고 밥을 먹는다는 게 어렵기 때문에 20점을 준다고 덧붙였다. 나무박사 이야기에 아이들 모두 밝은 표정으로 박수를 쳤다. 20점이면 1, 2등이 달라질 수 있었다.

"월요일 하루가 어땠는지 한 명씩 나와서 발표해 주세요."

앞에 앉은 아이부터 나와 월요일에 먹은 음식을 이야기했다. 처음이라 쉽지 않았지만, 지구를 사랑하는 마음으로 최선을 다 했다고 말했다. 6명 모두 발표가 끝나자, 나무박사가 앞으로 나왔다.

"다음 주에 개학하는 학교가 많더군요. 여름 방학 숙제 다 했나요?"

두 명이 손을 들었다. 숙제를 못 한 아이가 더 많았다.

"이번 시간에는 나무로 목공예품을 만들겠습니다. 숙제로 제출하면 좋습니다."

"나무가 이산화 탄소를 흡수하는데, 나무를 베어서 사용하면 안 되잖아요?"

민지가 조심스럽게 손을 들며 물었다.

"맞습니다. 나무를 베어 태우면 이산화 탄소가 하늘로 날아갑니다. 하지만 나무를 베어 목재로 사용하면 이산화 탄소가 하늘로 날아가지 않고 나무 속에 그대로 있습니다."

"태우지 않으니까. 아, 맞네요. 하지만 나무를 베는 것은……

그래도 아닌 것 같아요."

"맞아요."

몇몇 아이가 고개를 저으며 목소리를 높였다.

"첫 시간에 우리나라 숲의 나무들이 너무 늙어 이산화 탄소 흡수량이 갈수록 떨어진다고 이야기한 것 기억하나요?"

"네."

"오래된 굵은 나무를 한 그루 베면, 어린나무를 심을 수 있는 넓은 공간이 생깁니다. 지금 우리나라 숲에는 나이 많은 나무가 너무 많습니다. 어린나무를 심을 공간이 거의 없습니다."

나무박사가 화이트보드에 그림을 그리며 설명하였다. 그러고는 목재를 사용해야 하는 이유를 조금 더 설명했다.

우리나라 숲은 산림의 고령화로 인해 이산화 탄소 흡수량이 계속 떨어졌다. 게다가 지구 온난화가 심해질수록 침엽수의 온실가스 흡수량이 더욱 줄어들었다. 침엽수가 활엽수보다 온실가스 흡수 능력이 낮기 때문이다.

우리나라 숲에는 활엽수보다 침엽수가 훨씬 더 많다. 지구 온난화를 막으려면, 침엽수를 줄이고 활엽수를 새로 심어 늘리는 게 현명한 방법이다.

"와! 도토리를 심은 이유가 있었군요."

"네. 맞습니다. 목재 사용량이 늘어야 어린나무를 더 심을 수 있습니다."

굵은 나무를 베어 사용하고, 어린나무를 새로 심으면 우리나라 숲이 더 건강하게 바뀐다.

"이제 목공실로 이동할까요?"

나무박사가 아이들을 데리고 온실 옆 컨테이너로 이동했다. 목공실 입구에 '녹색공방'이라는 나무로 만든 작은 간판이 붙어 있었다.

"잠깐만요!"

그때 지우가 녹색공방으로 허겁지겁 뛰어 들어왔다.

"전화는 왜 안 받아?"

"야, 어떻게 된 거야? 걱정했잖아."

"미안. 나중에 다 이야기할게."

지우가 손사래를 치면서 눈웃음을 흘렸다.

나무박사가 손짓으로 공세프를 불렀다. 둘이 뭔가 속삭이며 이야기했다. 공세프가 손에 쥔 '나무 다이어트 5기' 노트를 펼쳐 뭔가 적는 듯했다. 그리고 지우에게 다가와 노트를 보여 주었다.

오늘 미션 점수는 0점, 출석 점수는 지각 때문에 3점. 무려 22점이 날아갔다. 지우가 노리던 1등은 이제 받기 어려웠다.

공셰프가 아이들에게 재료를 나눠 주었다. 붓, 물통, 나무판, 목공 풀, 아크릴 물감 등 재료가 다양했다. 나무박사가 앞으로 나와 필통 만드는 방법을 설명했다. 단순한 형태였지만, 색칠한 나무판을 붙일 수 있었다.

"자기가 좋아하는 그림을 선택하고 직접 칠해서 붙일 겁니다. 앞에 있는 앨범을 보고 마음에 드는 그림 하나를 선택해 주세요. 공셰프에게 그림을 보여 주면, 밑그림만 남아 있는 나무판을 만들어 줄 겁니다."

설명이 끝나자, 아이들은 앨범을 보면서 그림을 골랐다. 가온이는 우리나라의 가을 풍경을 선택했다. 민지는 열대 숲에서 뛰어 노는 동물 그림, 지우는 바다 위에 멋있게 서 있는 풍력 발전 그림을 골랐다.

공셰프가 레이저 조각기에 널찍한 나무판을 올렸다. 레이저 조각기가 칙칙 소리 내며 모양을 만들었다. 판 맨 아래는 날짜와 이름이 써 있었다. 아이들은 신기한지 레이저 조각기가 그린 멋진 그림에서 눈을 떼지 못했다.

미리 잘라 둔 나무 조각은 못이 없어도 서로 이빨이 맞아 블록처럼 끼워 쉽게 조립할 수 있었다. 아이들은 필통을 조립한 후, 밑그림이 새겨진 나무판을 사포로 문질렀다. 붓을 잡고 조심스럽게 색을 칠했다.

"자, 이제 다 만들었으면 앞으로 가져오세요."

나무박사가 뒷짐을 쥐고 돌아다니다가 걸음을 멈추고는 나긋한 목소리로 이야기했다. 모두 큰 탁자 앞에 필통을 올려 두었다. 공세프가 탁자 주변을 돌면서 사진 몇 장을 찍었다.

"자, 모두 필통 들고, 강의실로 이동!"

공세프 이야기에 아이들은 자기가 만든 필통을 챙겼다.

강의실로 돌아와 각자 자기 자리에 앉자, 나무박사는 진지한 표정으로 입을 열었다.

"2주간의 나무 다이어트 수업이 이제 모두 끝났습니다. 우리는 2주 동안 열심히 노력했고, 모두 성공했을 거라 생각합니다. 우리가 노력한 1kg, 이것은 어떤 가치가 있을까요?"

잠시 후, 나무박사는 2주 동안 아이들이 지구를 위해 무엇을 했는지 알려 주었다.

아이들은 2주 동안 과자, 라면, 초콜릿을 먹지 않았다. 한 번이지만 고기 없는 월요일을 지켰다. 이것으로 인해 전 세계의 숲을 지킬 수 있었다. 나무 다이어트로 뺀 1kg은 1kg 이상의 가치가 있었다. 적어도 나무 10그루를 살릴 수 있고, 나무 10그루가 1년에 150kg의 온실가스를 흡수하기 때문이었다.

"150kg이요?"

"와! 꽤 많네요."

아이들 모두 깜짝 놀랐다.

공셰프가 다이어트에 성공한 학생은 사무실에 와서 체중을 재고 알려 달라고 했다. 토요일에 시상식이 있을 예정이었다.

"도토리에 싹이 조금 났던데요. 언제 옮겨 심어요?"

"아, 도토리는 조금 클 때까지 화분에서 키울 거예요. 100일 뒤 밭에 옮겨 심을 거고요. 그때 모두 연락할 테니, 모두 참석하세요."

"11월이면 조금 추운데, 그때 나무를 옮겨 심어도 되나요?"

지우가 손을 들고 물었다.

공셰프가 식목일보다 11월이 더 좋은 이유를 설명했다. 지구 온난화로 인해 4월은 나무 심기에 조금 더운 날씨였다. 겨울이 오기 전 약간 쌀쌀한 기후가 나무 심기에 더 적당했다. 날씨가 더우면 건조해지기 쉽기 때문에 땅에 뿌리가 내리기 힘들고, 너무 추우면 나무가 얼어 죽을 수 있었다.

아이들이 필통을 들고 밖으로 나왔다. 하늘 꼭대기에 해가 떠 있었다. 아이들은 뙤약볕 속에서도 표정이 밝았다. 2주 동안 열심히 지구를 지켰다는 뿌듯함이 가슴속에서 솟구쳤다.

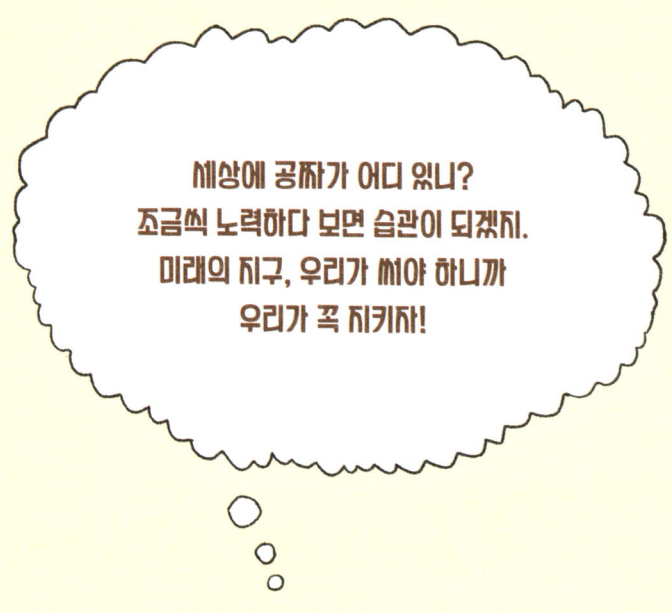

세상에 공짜가 어디 있니?
조금씩 노력하다 보면 습관이 되겠지.
미래의 지구, 우리가 써야 하니까
우리가 꼭 지키자!

나는 채식주의자

"기분 좋은 일 있어?"

민지가 지우 어깨를 툭 치며 말을 걸었다.

"나무로 만든 내 필통이 너무 멋지잖아!"

지우가 으쓱거리며 필통을 들어 흔들었다.

"수상한데? 미션 점수 20점도 못 받고 지각해서 출석 점수도 2점이나 깎였는데, 뭐가 그리 좋을까?"

가온이는 고개를 까딱거리며 지우를 쳐다보았다. 지우는 듣고도 모른 척하며 콧노래를 흥얼거렸다. 둘은 답답했다. 뭔가 지우에게 비밀이 있는 게 틀림없었다. 지우에게 몇 번을 다그치며 물었지만, 지우는 아무 말도 하지 않았다.

"진짜 너무한 거 아냐?"

민지가 목소리를 높이며 고함치듯 물었다.

"지금 말하려고 했어. 미안."

지우가 배시시 웃으며 둘을 쳐다보았다. 지우가 차분한 표정을 지으며 속삭이듯 이야기했다. 둘은 지우 이야기를 듣고 깜짝 놀란 듯 꼼짝도 하지 않았다.

"뭐! 채식주의?"

"네가 채식주의자를 한다니, 지나가던 소가 웃겠다."

둘은 믿지 못하겠다는 듯 헛웃음을 컸다. 지우가 오전에 있었던 일을 이야기했다.

그날 오전 8시, 지우가 나무박사에게 문자를 보냈다.

"박사님, 죄송해요. 나무 다이어트 포기했어요. 정말 열심히 하려고 했는데……."

나무박사가 문자를 보고 지우에게 곧바로 연락했다. 나무박사는 지우를 다독이며 한참을 설득했다. 결국, 지우는 월요일에 고기 먹은 이야기까지 털어놓았다.

월요일 저녁, 지우 아빠가 지우 엄마에게 삼겹살을 먹자고 했다. 지우는 아빠 이야기를 듣고 화가 났다. 치킨 때문에 초코과자 먹은 것도 억울한데, '고기 없는 월요일'은 꼭 지킬 수 있게 도와 달라고 부탁했다. 하지만 아빠는 지우 이야기를 귓등으로 흘려 버렸다. 지우 아빠는 아무 일도 없다는 듯 삼겹살을 사 왔다. 아빠는 고기를 구우면서 엉뚱한 말을 늘어놓았다.

"힘든 환경에서 이겨 내야 인내심이 강해지는 법이야. 위대한 사람 모두가 어려운 환경을 이겨 내고 성공의 달콤한 열매를 손에 쥐었지."

아빠의 이야기도 한몫 거들었지만, 지우는 구수한 삼겹살 냄새의 유혹을 이겨 낼 수 없었다. 마음속으로 '나, 살 탄다. 지방이 탄다.'를 수없이 외쳤지만, 자신도 모르게 젓가락은 불판 위 고기를 집고 있었다.

"그래서 먹은 거야?"

민지가 안쓰러운 표정으로 물었다.

"응."

지우가 눈을 퀭하게 뜨고는 고개를 세차게 끄덕였다.

"맞아. 나도 소불고기 때문에 힘들었지."

가온이도 고개를 끄덕였다.

"정말?"

지우가 손뼉을 치면서 가온이를 보았다.

"야, 그래서 어떻게 됐는데. 그게 끝이야?"

민지가 다시 물었다.

"히히! 그래서 오늘부터 채식주의자가 되기로 마음먹었어."

"그러니까 어떻게 채식주의자가 되기로 마음먹었냐고! 어휴, 답답해."

지우는 느릿느릿 뜸을 들이다가 스마트폰을 꺼내 둘에게 나무박사가 보낸 사진을 보여 주었다.

다양한 채식 유형

프루테리언(Fruitarian)
과일만 섭취

비건(Vegan)
모든 종류의 동물성 음식을 섭취하지 않음

락토(Lacto)
유제품 섭취

오보(Ovo)
동물의 알 섭취

락토 오보(Lacto-ovo)
동물의 알과 유제품 섭취

페스코(Pesco)
해산물과 동물의 알, 우유만 섭취

폴로(Pollo)
붉은 육고기(소, 돼지)를 섭취하지 않음

플렉시테리언(Flexitarian)
채식을 위주로 하되 상황에 맞게 육식도 섭취함

"난, 오늘부터 플렉시테리언이야. 우리 같이하자. 이건 쉬워. 다 먹을 수 있다고."

지우가 생글생글 웃으면서 둘을 보았다.

"어? 이건 나무 다이어트랑 비슷한데?"

"맞아, 여기서 과자, 설탕, 초콜릿을 끊으면 나무 다이어트를 할 수 있어."

"그러면 나무 다이어트가 더 좋은 거네. 너 지금도 플렉시테리언 할 생각 있어?"

가온이가 으름장을 놓으며 지우를 노려보았다.

"알, 알았다고, 그냥 나무 다이어트 할게. 세상에 쉬운 건 하나도 없구나!"

지우가 어설픈 표정을 지으며 말까지 더듬거렸다.

"맞아. 세상에 공짜가 어디 있니? 조금씩 노력하다 보면, 습관이 되겠지. 미래의 지구, 우리가 써야 하니까 우리가 꼭 지켜 내자!"

민지가 지우를 보며 맞장구쳤다.

"좋아. 우리 지금부터 나무 다이어트를 다시 실천해 볼까?"

지우가 민지를 보면서 손을 먼저 내밀었다.

"좋아."

민지가 힘주어 이야기하며 손을 내밀었다.

"나도 좋아!"

마지막에 가온이가 손을 올렸다.

셋은 서로 눈을 맞추고 양손을 높이 들었다. 따가운 햇살에 눈이 부셨다. 가온이가 햇살을 피하려고 몸을 움직이다가 세 사람의 그림자를 보았다. 그림자가 선명했다. 지구를 지키는 듬직한 나무의 모습이었다.

　탄소 중립 강연을 하면서 전국을 다니다 보면, 대한민국 대부분의 학교에서 공통으로 실천하는 기후행동 몇 가지가 있음을 알 수 있습니다. 재활용 쓰레기 분리수거, 화단에 꽃이나 나무 심기, 가까운 거리 걸어 다니기 등입니다. 여러분이 다니는 학교에서도 크게 다르지 않을 것으로 생각합니다. 이런 방법도 탄소 중립 달성을 위해 조금이나마 도움이 되긴 합니다.
　하지만 이런 방법은 대한민국의 탄소 중립 달성에 큰 도움이 되지는 않습니다. 대부분 일회성으로 끝나고, 효과가 크지 않기 때문입니다.
　탄소 중립을 위해 가장 좋은 기후행동은 효과가 큰 방법으로 많은 사람이, 꾸준히 실천하는 것입니다. 그래서 여러분, 아니 전 국민, 나아가 전 세계가 진짜 실천할 수 있는 기후행동에 대해 고민한 결과 '나무 다이어트'라는 기후행동 방법을 찾아냈습니다.

'나무 다이어트'는 누구나 실천할 수 있는 방법입니다. 앞에서 언급한 재활용 쓰레기 분리수거, 화단에 꽃이나 나무 심기, 가까운 거리 걸어 다니기 등보다 온실가스 배출도 더 많이 줄일 수 있는 효과적인 방법입니다. 이뿐만 아니라 '나무 다이어트'는 우리의 신체 건강도 동시에 지킬 수 있습니다.

이 책에서 강조한 '고기 덜 먹기'를 한번 볼까요?

무조건 채식주의자가 되라는 뜻은 아닙니다. 고기 10번 먹을 것을 9번만 먹자는 뜻입니다. 고작 10번 중 한 번 줄이는 게 무슨 효과가 있냐고요?

만약, 전 세계가 동시에 고기를 10% 덜 먹는다면, 전 세계 온실가스 배출량이 달라집니다. 축산에서 발생하는 온실가스 배출량은 약 17% 정도 되며, 대부분 메탄가스입니다. 메탄가스는 이산화 탄소보다 더 강력한 온실 효과를 발생시키지만, 대기에서 이산화 탄소보다 훨씬 더 빨리 사라집니다. 이산화 탄소가 대기에서 사라지는 시간은 100~200년 걸리지만, 메탄가스는 12년밖에 걸리지 않기 때문입니다. 다시 말해 메탄가스를 줄이면 12년 뒤부터 이론적으로 대기 온도가 떨어질 수 있다는 뜻이기도 합니다.

이뿐만 아니라 가축이 먹는 사료량, 목축지도 줄어들 수 있습니다. 필요 없는 땅을 다시 숲으로 복원하면 온실가스 흡수가 더 빨라지고, 지구 온난화도 막을 수 있습니다.

가축뿐 아니라 우리가 좋아하는 과자, 라면, 설탕, 초콜릿, 아이스크림 등도 숲이 사라지는 데 큰 역할을 했습니다. 이런 것까지 동시에 소비를 줄인다면, 지구 온난화 속도를 늦추고 나아가 대기 온도까지도 조금씩 낮출 수 있습니다.

진정으로 지구를 아끼고 사랑한다면, 지구를 아프게 만드는 음식과 조금 거리를 둘 필요가 있습니다. '나무 다이어트'를 실천하는 것은 쉽지 않습니다. 하지만 이 방법은 온실가스 배출을 줄이고, 우리의 몸도 챙길 수 있는 가장 확실한 방법임을 자신 있게 얘기할 수 있습니다. 나 역시 '나무 다이어트'를 통해 3년간 5kg이나 살을 뺐으니까요. 게다가 한 번에 턱걸이를 30개씩 할 정도로 튼튼해졌습니다.

탄소 중립, 이제는 선택이 아닌 반드시 실천해야 할 우리 인류의 공동 목표가 되었습니다. 탄소 중립 달성을 위해 모두가 '나무 다이어트'를 실천하기를 바라는 마음으로 이 책을 썼습니다. 대한민국 모든 국민이 '나무 다이어트'를 실천할 때까지 큰 목소리로 외치며 여러분을 응원하겠습니다.

건강한 몸과 지구를 생각하며

정종영